給孩子的 上

希臘羅馬神話故事

眾神的世界大戰

重量級兒童文學作家

王文華／著　九子／圖

作者的話

幸好，我讀過希臘羅馬神話

記得第一次講希臘羅馬神話給低年級的孩子聽時，他們兩眼發亮，直追著問大力士海克力斯的種種，對他們這個年紀的孩子而言，世界還是一片神話。

沒錯，時至今日，我們依然要讀神話，而且越早越好。

大人，自認見多識廣，天底下少有事能引起我們的好奇，再稀奇古怪的事也覺得沒什麼了不起（真不知道是好事是壞事了）。

而對孩子來說，他們還相信童話的可能，聖誕老人的光臨以及種種神話故事。我們鼓勵孩子閱讀，不就希望他們能在想像力還沒受到限制時，透過閱讀，啟發想像，開動幻想的引擎，奔馳飛翔於想像的國度嗎？這種古老天真的創造力，讓初民創造了神話，讓現代的孩子享有閱讀神話的樂趣。

心理學大師榮格說：「神話講述著人類心靈最深處、最幽暗的奧祕。」我們都有灰姑娘情結，希望自己有朝一日變成枝頭上的鳳凰；我們都有崇拜英雄的情感，見到正義得到伸張時，不由自主振臂狂歡，這都是亙古不變的相同意識。

外在科技不斷進步，但人類心裡集體的潛意識，卻全在希臘羅馬神話裡找到印證，有人說，世界上的故事只有六個，而從它們身上發展出今天形形色色的故事；如果此話當真，希臘羅馬神話至少占了其中一半，我們現在熟知的原典，伊底帕斯情結、繆斯女神、木馬屠城……幾乎全來自希臘羅馬神話。

有次帶孩子們去奇美博物館，上到二樓美術廳，我欣喜發現，那些圖有大半講的是希臘羅馬神話，當我跟孩子講這些故事，他們張著亮亮的眼睛望著我時，我只有一種感覺：「幸好，我有讀過希臘羅馬神話！」

本書設計

生動圖文隨文輔助閱讀

具體形象、趣味標題
掌握天神英雄最重要特色

「神話大人物」
輕鬆充電神話小知識

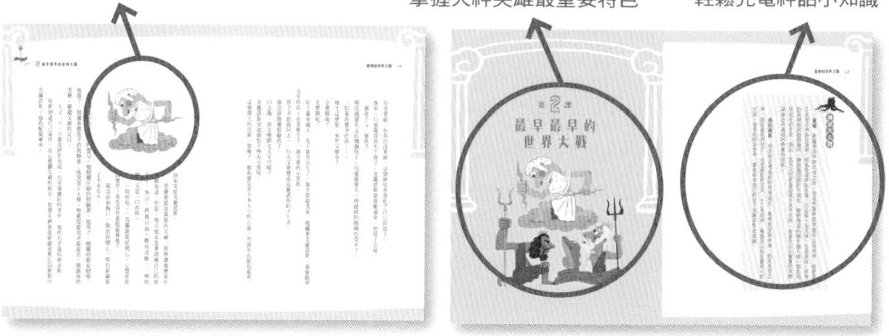

目次

第1課

世界原本是碗蛋花湯

在你出生之前，世界是什麼模樣？
也許你的爸爸、媽媽能回答你這個問題。
不過，在爸爸、媽媽、爺爺、奶奶……甚至所有人類出生之前，世界又是什麼模樣呢？
這要從好久好久以前的希臘羅馬神話說起……

遙遠蒼茫的太古時代，世界是什麼樣子呢？時代久遠，沒人知道，畢竟我們都是凡夫俗子。

希臘人發揮想像力，他們認為，世界最早的樣子就是——沒有樣子。

那是一個沒有固定形狀，沒有具體模樣的世界，就像一碗蛋花湯，世界就在這碗湯裡漂漂盪盪。

卡俄斯統治這碗蛋花湯，啊，不對，是統治這

個世界。

他在這片什麼也看不出的世界裡遊盪很久很久，直到有一天，大地女神蓋婭出生了。

蓋婭是萬物之母，她孕育出天空烏拉諾斯。

烏拉諾斯和蓋婭結合，先創造了：太陽、月亮、黑暗、光明、陸地和海洋；後來是十二位永生不死的泰坦神。

泰坦神力大無窮，個子高大，每走一步都震得大地動搖。

有了神祇，世界不再荒涼。

天空和大地又生出一群凶神惡煞般的孩子，那是兩組三胞胎。

第一組是三個獨眼巨人，他們能造出閃電和雷聲。

第二組是三個百臂巨人，每一個巨人都有五十顆頭，一百隻無窮神力的手。

大部分爸爸、媽媽都愛自己的小孩。

天空烏拉諾斯看到這些醜陋孩子，卻氣壞了。

「我是萬神之王，他們怎麼會是我兒子？」

惱羞成怒的烏拉諾斯，動手把他的孩子塞回蓋婭的肚子裡。

大地之母的肚子再大，也沒有外頭的世界寬廣。而且，這些孩子個個體形壯碩，他們在媽媽肚子裡，又擠又叫又吵又鬧。

不管是誰，肚子裡有這麼多人吵架，都會很受不了吧？

終於，蓋婭的憤怒一發不可收拾，她告訴孩子：「我們不能再忍耐了，孩子們，起來反抗你們的父親！」

「向父親反抗？」

「這……這……」

雖然母親的肚子又擠又熱又黑又難受，但是向父親造反……

「不不不，父親太巨大了。」

「怎麼可能跟他對抗呢？」

在哥哥姊姊畏懼的眼光中，年紀最小的克羅諾斯站起來：

「親愛的母親，讓我來！」

克羅諾斯年紀小，膽子大，也足智多謀。他靜靜躲在母親肚子裡等待，趁著父親睡覺時，毫不遲疑的割下父親的命根子，扔進奔騰的大海中。

神奇的事情發生了，三位復仇女神從烏拉諾斯的血液裡誕生了。她們專為復仇而生，凡是復仇女神盯上的人，無論逃到天涯海角，都會被她們捉到。

烏拉諾斯在劇痛裡驚醒，他看見兒子手裡滴血的鐮刀，頓時明白這一切，他臨死前說：「克羅諾斯，你殺害自己父親，我詛咒你，將來你也會死在自己孩子手裡。」

神話大人物

蓋婭　希臘神話中的大地之母，也是希臘神話中最早出現的神。她創造了天空之神烏拉諾斯，和烏拉諾斯結合後，生出第一批天神，也就是說，所有的天神都是她的後代。據說蓋婭曾許下諾言，要把希望的種子植入每一個在地球出生的生命，因此，西方人也把蓋婭當作求子之神，希望生出小寶寶的夫婦就會去向蓋婭的神像祈求呢！

烏拉諾斯　從大地之母蓋婭的指端誕生，象徵希望與未來。他是天空之神，既是蓋婭的兒子，也是蓋婭的丈夫，十二泰坦神、獨眼巨人與百臂巨人的父親。他曾經統治世界，最後卻被自己的兒子克羅諾斯給推翻。

第2課
最早最早的世界大戰

原來，好不容易才誕生成形的世界，
竟也曾經差點毀於一旦？
天哪，眾神一起上場打仗，場面該有多震撼呀……

克羅諾斯登上萬神之王的寶座囉！
想來真是興奮，而且，權力很甜美，要什麼有什麼。不過，若被人搶去，那就不美了。
誰會來搶他的王位呢？
有，而且不少。
例如他那幾個又醜又可怕的巨人弟弟。他們輕輕鬆鬆就能推倒山峰，如果打算推翻他應該也不會太難。
克羅諾斯先發制人，找個藉口，將他們關進地獄。
還有……
幾個泰坦神哥哥也不能信任。
克羅諾斯決定，把漂亮的姊姊瑞亞留下來當太太，其他的泰坦哥哥也全都關

起來。

抓起來，關起來，威脅到他王位的兄弟姊妹全都解決了！拍拍手，克羅諾斯安心了，他開開心心的和瑞亞結婚，從此，過著幸福快樂的日子。

然而，有一天，瑞亞生出一個活潑可愛的孩子時，克羅諾斯想起父親的詛咒：

「你會死在自己兒子手中。」

「你會死在自己兒子手中。」

剛出生的嬰兒，天真無邪的看著爸爸，又愁又急的爸爸也看著孩子呀，該怎麼辦呢？

嗯，克羅諾斯想不出方法，情急之下，乾脆抓起孩子，一口把他吃進肚子裡。

你沒看錯，你真的沒看錯，這個神仙爸爸吃了自己的孩子。

後來，只要瑞亞再生下孩子，克羅諾斯就會衝過來，把孩子吞掉。

一個孩子又一個孩子。

瑞亞連著失去好幾個孩子，母愛最偉大，再慈祥的媽媽也受不了。

「如果再懷孕的話……」

她才這麼想，果然又懷孕了。

怎麼辦呢？

怎麼辦呢？

肚子越來越大，孩子就快出生了，瑞亞鼓起勇氣，她瞞著克羅諾斯，偷偷跑到克里特島，在那裡生下一個可愛的小男孩。

孩子不能抱回去，一回去又會變成克羅諾斯的下午茶。

瑞亞請精靈照顧孩子。

回去後，該怎麼跟丈夫交代呢？

克羅諾斯知道她肚子裡有小孩呀。

這個偉大的母親，便撿了一顆和嬰兒差不多大小的石頭，外頭用衣服包起來，回家交給克羅諾斯。

克羅諾斯是萬能的天神，照理講他應該什麼都知道，但是，他可能太急著消滅自己的孩子了，所以，抓起石頭，瞧也沒瞧，一個咕嚕，又是一口吞掉。

「哈哈哈。」克羅諾斯好開心，心想從此以後世上再也沒有誰能威脅他了。

瑞亞拍拍胸口，她也好開心，暗自祈禱孩子平安長大。

這個父「口」逃生的嬰兒，被精靈仔細的照顧著。他哭了，精靈唱歌安慰他；他餓了，精靈會餵他羊奶和蜂蜜；他哭得太大聲，精靈趕緊用矛敲敲盾，掩飾他的哭聲，躲避父親的耳目。

一天又一天，小嬰兒終於長成一位英俊健壯的青年，他的名字就叫做宙斯。

宙斯知道自己身世，決心推翻父親的統治。智慧女神墨提斯願意幫忙宙斯對付克羅諾斯，協助配製藥水。

克羅諾斯愛喝酒，宙斯便在他的酒中下藥，克羅諾斯喝了酒，醉了，一直吐個不停。

吐呀吐呀，別人喝醉了，吐出一堆亂七八糟的嘔吐物；克羅諾斯吐了，卻是吐出一個又一個小孩。

那是以前被他吞下的孩子嘛，這會兒一個個從他肚子跑出來。

先是波塞頓。

然後是黑帝斯和赫拉。

宙斯終於和兄弟姊妹團聚了。

這些被父親吞進肚子的孩子，當然很氣他們的爸爸，於是，新神與老神之間展開一場大戰。

世上所有的神都被逼著選邊站，誰也別想置身事外。

這場戰爭，打得又激烈又久，一共打了十個大年，一個大年就是一千年。十個

大年就是一萬年，人間自古以來所有的戰爭都和他們比不上。

戰爭把大海攪得波濤洶湧，大地搖擺不定，差點兒毀滅宇宙呢！

後來，宙斯聽從普羅米修斯的建議，深入地獄，放出獨眼巨人和百臂巨人。

獨眼巨人為宙斯一行人打造武器：宙斯有了閃電和巨雷，他的哥哥波塞頓拿到一枝三叉神戟、黑帝斯取得一頂隱形頭盔。

性情暴躁的百臂巨人則是直接加入戰鬥，向自己的兄弟克羅諾斯復仇。

這批生力軍參戰後，克羅諾斯節節敗退，百臂巨人擲出巨石，宙斯在空中投出閃電和巨雷，加上波塞頓和黑帝斯從旁協助，克羅諾斯走投無路，只好束手就擒。

戰爭結束了，宙斯當上眾神之王。他坐鎮奧林匹斯山，掌管風雨、雷電，他既是眾神之王，也是人類之王，擁有無上的權力。

他還封哥哥波塞頓為海神，請黑帝斯掌管地獄，擔任冥王。

從此，神界進入宙斯的時代，這也是我們後來習慣的神界。

神話大人物

宙斯　希臘神話中負責統領宇宙的天神，羅馬神話稱他為「朱庇特」。由於宙斯掌管風雨雷電，據說當他開心時，希臘上空就陽光明媚，如果他心情不好，希臘就會下雨。宙斯也很公正，如果人類行善，人間就會物產豐盛，如果人類做了惡事，人間就會充滿天災人禍。宙斯有眾多情人，也有許多子女，例如阿波羅、雅典娜、阿爾特彌斯、戴奧尼索斯等。

波塞頓　宙斯的哥哥，負責掌管海洋和湖泊。波塞頓的武器是一把三叉戟，他一揮動三叉戟就能掀起滔天巨浪，引起海嘯和風暴。奇怪的是，這麼強大的海神，可愛的海豚卻是象徵他的聖獸。希臘海員和漁民都對他極為崇拜。

黑帝斯　希臘神話裡負責統治冥界的神，他是宙斯的哥哥，娶波瑟芬妮為妻。黑帝斯通常坐在四匹黑馬拉的戰車裡，手持雙叉戟，他處事公正無私，令人真心敬佩，因為無論是什麼樣的人，終有一天都必須離世，來到冥府。他還掌管地下礦產喔！

第3課

原來人是被捏出來的

人類是怎麼出生的？
人類是怎麼變成現在的模樣的？
為什麼人類懂得用火？
動物又是怎麼來的？
原來，人類的祖先是……

宙斯大戰克羅諾斯時，多數泰坦神都站在克羅諾斯陣營。但，也有幾位泰坦神加入宙斯營隊，例如獨眼巨人和百臂巨人，啊，還有足智多謀的普羅米修斯。

打完仗了，陽光穿透林梢，世界一片祥和美好。

普羅米修斯有個弟弟，叫做厄庇墨透斯。厄庇墨透斯用泥巴捏出各種動物，嗯，從此，森林裡多了蟲鳴鳥叫。

普羅米修斯也想幫大地製造一點歡樂，該做什麼呢？

他照著神的模樣，用泥巴捏出一批「人」，並且從動物的靈魂裡，取出「善」與「惡」兩種性格，將它們放進人們的胸膛。

剛被創造出來的人什麼也不懂，他們不知道生火，不會打獵，不懂得蓋房子……

「我來教你們吧，可憐的孩子！」

普羅米修斯教人們觀察日月星辰，教人們計算和寫字。

他教人類駕馭牲口來耕種，也教人類操縱風帆在海上航行。

總之，普羅米修斯就像人類的父親，把自己會的一切本領，毫無保留的教給人們。

宙斯也注意到人類的出現。

「人類只要敬重天神，我就會保護他們。」宙斯要求。

普羅米修斯贊成，他教人們祭典，並要大家向宙斯獻祭公牛。

在當年，獻祭公牛代表最高的敬意。

那頭公牛被屠宰後，分成兩堆。

一堆是骨頭，一堆是好吃的瘦肉。

普羅米修斯知道宙斯愛吃肥肉，故意在骨頭上鋪滿肥肉，瘦肉上則放著牛皮。

「萬神之王，請選你所愛的吧。」普羅米修斯裝作很恭順的樣子。

宙斯選了那堆肥肉，掀開肥肉，底下全是骨頭。

「沒想到天神也會上當？」普羅米修斯笑得好開心，「你應該是無所不知的呀。」

宙斯憤怒極了，「你竟敢使用這種卑劣的手段欺騙我，等著吧！人類和你都會遭受懲罰。」

憤怒的宙斯，為了報復普羅米修斯，從人類手中奪走了火種。

從此，人類沒有火能燒烤食物，只能吃生的東西；夜晚也沒有火照明，人們只能在無邊無際的黑暗中，度過一個又一個漫長的黑夜……

普羅米修斯的惻隱之心大作，他想幫人取回火種。

哪裡有火呢？

普羅米修斯一抬頭，阿波羅正駕著太陽馬車橫跨天際。太陽馬車上，就有熊熊的大火呀！

於是，普羅米修斯用茴香樹枝引回太陽馬車上的天火，把火重新帶回人間。

那是盜來的火，無法永遠燃燒，從此，人們生了火後，都得要隨時注意它，不讓它熄滅。

有了火，人類可以烹熟食物、驅寒取暖，還能用火趕跑凶猛的野獸。

人類文明向前邁進了一大步。

「謝謝普羅米修斯。」人們圍著篝火又唱又跳，歡慶火苗重回人間。

奧林匹斯聖山上的宙斯，卻氣到全身發抖，「好啊，又是普羅米修斯幹的好事，竟敢來盜天火！」

宙斯召來火神赫菲斯托斯，命他打造一位絕世美女。

赫菲斯托斯的手藝好，他真的打造出一位人見人愛的絕世大美女——潘朵拉。

潘朵拉抱著一個神祕的小盒子，被宙斯送到了人間。

厄庇墨透斯對她一眼鍾情，雖然普羅米修斯一再警告他，別接受奧林匹斯山眾神的贈禮，但是，誰能抗拒一位美女呢？

厄庇墨透斯見了美女就忘了警告，開開心心帶著潘朵拉回家。

潘朵拉一進入厄庇墨透斯的家門，就打開了那個小盒子。

盒子裡冒出一團一團的黑煙，那是宙斯為了懲罰人類而放入的災禍：「暴力」、「恐懼」、「疾病」、「瘟疫」……

潘朵拉急忙闔上盒子，但一切都來不及了，除了「希望」還留在盒子裡，其他災難，從此留在人間。

原本，人們過得無憂無慮，自從潘朵拉打開她的盒子後，人類再也無法逃脫這些災害。

宙斯也沒忘記普羅米修斯，他命令赫菲斯托斯代他懲罰。

赫菲斯托斯很欽佩普羅米修斯，偷偷的勸他：「你把火種還給宙斯，向他認個錯，我替你求情，請宙斯原諒你。」

「那怎麼行呢？我寧可忍受痛苦的折磨，也不會向他求饒。」普羅米修斯很倔強。

宙斯的懲罰很嚴厲，普羅米修斯被綁在高加索山的懸崖上，胸口還用金剛石的釘子釘著，他在那裡獨自忍受饑餓、寒冷和傷口。

普羅米修斯大聲怒吼：「未來，諸神之王宙斯將與一位女神結婚，生下後代，這位後代將推翻宙斯成為新王。」

宙斯緊張了，派人問他，要他說明這則預言。

普羅米修斯解釋了嗎？沒有。

宙斯更憤怒了，他命令老鷹，每天去啄食普羅米修斯的肝臟，今天啄食完了，明天又會再長出來，而老鷹會日復一日的來，痛苦將會永遠存在。

年復一年，宙斯擔憂受怕，煩惱誰會來搶他的王位，直到海克力斯來到高加索山，用箭射下那隻老鷹，打開鎖鏈，這才救了普羅米修斯。

至於預言，普羅米修斯最後終於吐露那位女神的名字，是女海神特提斯。

宙斯擔心王位被搶，他雖然覺得特提斯很美，一向風流的宙斯還是忍耐下來，不敢追求她，還故意將她許配給凡人英雄珀琉斯，這才打破普羅米修斯的預言。

神話大人物

普羅米修斯 希臘神話中，普羅米修斯是最有智慧的天神之一，他是泰坦神的後代，名字裡含有「先見之明」的意思。他不僅用黏土創造出人類，更不顧宙斯的禁令，為人類上天盜火，可以說他是人類的祖先呢！

赫菲斯托斯 宙斯與赫拉的兒子。據說他出生時，恰好雙親正在吵架，害他掉落凡間，結果成了瘸子。不過，他手藝精湛，據說人間的火山就是他打造兵器時使用的火爐喔！阿波羅的駕車、愛神厄洛斯的箭、宙斯的盾都是他的作品，他也是火神與工匠之神。

第4課

常為家務事煩惱的天后赫拉

在宇宙之王宙斯旁邊日理萬機的天后赫拉，
居然也常為家務事苦惱？
愛吃醋的她，居然也害其他人陷入愛情的泥淖中？

克羅諾斯害怕他父親的詛咒，說是有個孩子會來搶他的王位，所以他的太太每生出一個孩子，他就把孩子吞下肚。

後來，宙斯在仙女墨提斯調製的藥水幫助下，讓克羅諾斯把被吞下的孩子吐出來。包括海神波塞頓、冥神黑帝斯……當然，還包括赫拉。

赫拉從父親肚子出來後，媽媽瑞亞擔心克羅諾斯再來害她，就把她藏到時序女神的領地裡。

時序女神是瑞亞的姊妹，她的領地在赫斯佩里德斯。那裡風靜草綠，林木茂密，就像天堂一樣美，時序女神像親生母親一樣對待赫拉，細心照顧她、教育她。

赫拉漸漸長大了，越來越漂亮，她的美讓森林裡的鳥獸臣服，她走到哪兒，

鳥獸全圍著她唱歌，就像是神話版的白雪公主。她最喜歡孔雀，因為她覺得孔雀的尾巴就像星空一樣神祕，所以到哪兒都與孔雀走在一起。

然而，赫拉並沒有因為美麗而驕傲，她喜歡研究和學習，希望自己變成一個對神、對人都有用的女神。

她纏著時序女神追問世上的奧祕，慢慢的，她懂得的事越來越多，有時她也會對著天空說：「我真希望能做天后啊！」

有一天，大雪紛飛，赫拉在長廊欣賞雪景，突然也不知從哪裡飛來一隻杜鵑，還停在她的肩膀上唱歌。

「可憐的鳥兒，這麼冷的天氣，你怎麼還出來呀？」

赫拉朝杜鵑伸出手，杜鵑跳上她的手，就在她輕輕撫摸著杜鵑時，神奇的事情發生了，那隻杜鵑漸漸變成了一個年輕俊美的男子，天哪，那是天神宙斯呀！

宙斯喜歡赫拉，不斷與她分享奧林匹斯山上的生活，赫拉早就嚮往神山上天庭的一切，而且她認為宙斯是天神，天神必都是正直威嚴，值得信賴，當然毫不猶豫的答應他的求婚。

他們結婚時，各自帶著自己的神鳥出現，兩人手牽手在婚姻女神見證下，舉行盛大的婚禮。

仙女赫洛涅不願意參加這場婚禮，她故意在路上慢慢的走呀走。

等她走到會場，典禮都結束了。

赫拉知道後很生氣，說：「是呀，因為妳走得慢，所以來得晚呀，以後，妳也不必走太快了。」

她隨手一點，這仙女就變成了一隻慢慢走的烏龜。

現在希臘人把烏龜叫做「赫洛涅」就是由此而來的。

後來，赫拉伴著宙斯，幫助他打敗邪惡的克羅諾斯。宙斯勝利後，赫拉終於如願以償成為天后，她跟宙斯共同統轄天空、雲彩、驟雨、雷電和暴風。她掌管婚姻和生育，是忠實盡責的妻子典範。

赫拉也是婦女的保護神，原因是她結婚後才發現，萬神之王宙斯喜歡美女，只要發現哪裡有美女，再遠他也會前去追求。為了管束老公，愛吃醋的赫拉也很忙，整天忙著跟蹤老公，就可惜天庭沒有徵信社，不然，她的煩惱一定能少一半！

因為宙斯實在太愛溜去凡間找美女，有一天赫拉氣到快抓狂了，就在眾神面前對他破口大罵，罵完甚至離家出走。

連天后都會離家出走？真是讓人想不到。

赫拉去哪裡呢？哦，她回到兩人第一次約會的地方，看著遠山、草地，聽著蟲鳴、鳥唱，一切景物依舊，怎麼人事已非？

「我……我再也不回去了。」赫拉暗暗發誓。

不過，她才發誓完，就聽到一個消息，宙斯竟然要跟一位美麗的仙女結婚了。

「這個花心天神，這……」赫拉的醋瓶子又倒了，她怒氣沖沖趕著想去阻止婚禮。

大街上有輛牛車，牛車上有位美麗的仙女，圍觀的群眾都說那是宙斯的未婚妻，將來要取代天后赫拉。

赫拉撲過去，咆哮著：「妳這無恥的女人，妳憑什麼嫁給我老公？」

她的手勁大，一把將仙女的衣服和面紗撕下，不過，撕下來後她大吃一驚，車上哪有什麼美女，那只是個木頭人，憤怒的赫拉當場轉怒為喜，知道老公原來其實還是很愛自己的。她笑著和丈夫回到奧林匹斯山，繼續當她的天后，當然，也繼續提心吊膽，擔心老公哪一天又要去外頭找美女。

天后赫拉害慘了厄科和納西瑟斯

那一天，宙斯和一群美麗的仙女在林間嬉戲，嫉妒的天后赫拉發現後，也跟到了森林。

情況危急，赫拉如果抓到宙斯，天地間又要掀起波濤。

緊急中，侍女厄科拉著赫拉，故意問她一堆問題，不讓她有機會進森林。因為厄科的嗓門大，大家知道赫拉來了，便急急忙忙逃走。

等赫拉撲了一個空，她氣得對厄科說：「妳這麼愛嚼舌根，以後，我就讓妳跟在人們後面，重複他們說的最後那幾個字吧！」

從此，一向愛說話的厄科，再也不能自己主動開口了。她只能跟在別人後頭，撿別人的話尾巴說。

有一天，厄科在田野間，遇到一位風采翩翩的少年納西瑟斯。

納西瑟斯太俊美了，只要看他一眼，不管是年輕小伙子還是姑娘都會瘋狂的愛上他。然而納西瑟斯很高傲，他從不把任何人放在心上。

可憐的厄科，無可救藥的愛上了納西瑟斯，成天跟在納西瑟斯後面。只要跟著他，厄科就覺得心滿意足。她想傾訴愛意，但是她被赫拉施的法術控制，別人不開口，她就說不出話。

終於有一天，納西瑟斯和朋友走散了。

納西瑟斯喊著：「這裡有沒有人？」

「有人！」只能重複別人話語最後幾個字的厄科開心的說。

納西瑟斯吃了一驚，看看四周，沒看到人，他只好再問：「有人的話，你出來呀。」

「出來呀！」厄科躲在後頭，好開心呀。

納西瑟斯什麼也看不見，他只好又問：「你為什麼躲著我？」

林子裡傳來同樣的話：「躲著我！」

「我為什麼要躲呢？」厄科的回答讓納西瑟斯大惑不解，便說：「請你出來，我們見面吧！」

哇，厄科好高興，她立刻大叫：「見面吧！」

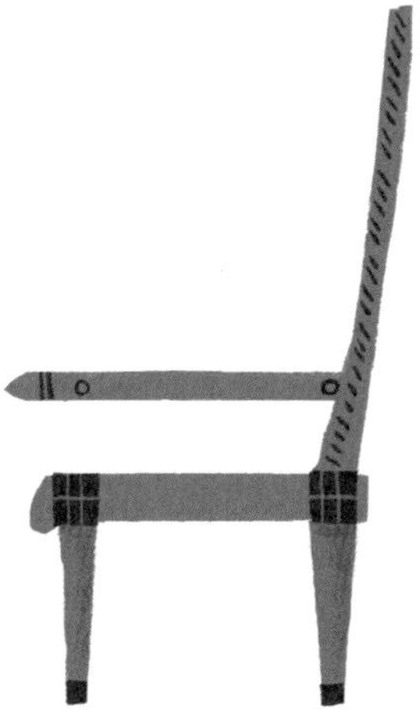

她興沖沖的從樹林中跑出來，以為納西瑟斯真的想見她。

沒想到，納西瑟斯看了她，竟然轉身就跑。

「不不不，我寧可死了，也不要見你。」

「不要見你？」

厄科望著遠去的男人，只能不斷重複：「不要見你，不要見你……」

她覺得羞愧，最愛的男人連見她一面都不肯。

於是，她躲進山谷，獨自生活。

一天又一天，一年又一年，相思的情緒，讓她一天比一天瘦，思念的苦，又讓她的身體越來越小，最後她竟然消失了。

不過，她消失了，聲音可沒有。

後來人們只要對著山谷喊一喊，就能聽見厄科的聲音複述人們的話，從山谷裡悠悠的傳出來。

啊，那是一個被情所傷的女孩，所能發出最深層的悲鳴了。

納西瑟斯不只對厄科殘忍，他對其他人也同樣無情。

有個女孩受不了他的拒絕，她向天禱告：「既然他誰也看不上眼，我願他只能愛他自己，卻又永遠愛不到他所愛的東西。」

報復女神聽到這段禱告，她點點頭，朝著一個水池施了法。

那是納西瑟斯最愛的水池，他打完獵總要在這兒休息一下。

水池的水質清甜，他正想喝水時，平靜無波的水面上，出現一位美男子。

「啊，多美的人呀！」他立刻愛上池面倒影，把倒影當成另一個人，目不轉睛的望著，不管晴雨，無論白天或晚上……

他不吃不睡，只渴望能永遠看著水面上的「他」。終於憔悴而死。

一天又一天，一年又一年，輕風吹拂，落葉飄零……後來，水邊出現一朵花，黃色花心，白色花瓣，那就是水仙，也是納西瑟斯這位自戀少年的死後化身。

水仙總是低頭望著水中的倒影，如果你靜心聽，說不定你也會聽見厄科陪著水仙發出來的苦戀歎息。

真是萬萬想不到！為情苦惱的赫拉，是否知道自己一時衝動的施咒，也讓厄科和納西瑟斯吃足了苦頭呢？

神話大人物

赫拉　希臘神話中的天后，雖然宙斯擁有許多情人，但赫拉才是宙斯的正妻。她和宙斯共同生下戰神阿瑞斯、火神赫菲斯托斯等重要天神，美麗莊嚴，身邊亦步亦趨跟隨著的是她的「聖獸」孔雀。羅馬神話裡稱她為朱諾。由於赫拉自己就受家務事而苦惱，所以也是婚姻和婦女的保護神。

第5課

從爸爸腦袋誕生的雅典娜

一般小孩都是從媽媽肚子裡生出來，
雅典娜誕生時，卻是從爸爸腦袋跳出來！
怪不得多才多藝、聰明大膽，
還有「智慧女神」之稱了！

老爸宙斯的煩惱

宙斯成為眾神之王後有個煩惱。

大地女神蓋婭曾經預言：「墨提斯所生的兒女，將會推翻他們的父親。」

墨提斯是宙斯的第一任妻子，集智慧與美麗與一身。

從此，宙斯就留心了，深怕一個不小心，自己的妻子將生下奪取他王位的孩子。

宙斯才剛擔心，墨提斯就告訴他：「親愛的，您的下一代，正在我的肚子裡拳打腳踢呢。」

望著興高采烈的太太，宙斯該怎麼辦才好呢？

想到推翻自己的人就在老婆的肚子裡，宙斯表面鎮定，內心驚恐，於是，他一口就將老婆吞到肚子裡。

你沒看錯，故事真的是這樣，這一切全來自宙斯家族的基因……

宙斯的爺爺把兒子們塞進老祖母蓋婭的肚子裡，他的父親則吞掉宙斯的兄弟姊妹們，現在宙斯又……

那位集正義、美麗與智慧於一身的老婆，從此就留在宙斯的肚子裡，時時為宙斯提供意見。

吞了老婆後，宙斯患了嚴重的偏頭痛，奇怪的是，他既是最偉大的天神，又有聰明的老婆在肚子裡，對偏頭痛卻束手無策。

實在受不了的宙斯只好請火神赫菲斯托斯來，說：「幫我打開腦袋吧！」

「宙斯呀，我只會打鐵。」赫菲斯托斯本職是鐵匠，鐵匠和開腦醫生的專業訓練不一樣呀。

「打鐵跟打開腦袋，都差不多啦。」宙斯揉著腦袋說。

這……這實在差太多了，鐵打壞了不會怎樣，腦袋打錯了……

宙斯可不管哦，他命令赫菲斯托斯一定要打開他的腦袋，看看裡頭發生什麼事。

赫菲斯托斯還能說什麼呢？他秉持藝高人膽大的精神，小心翼翼打開宙斯的頭蓋骨，神奇的事發生了，頭蓋骨掀開的那一剎那，宙斯頭裡跳出一位黃金戰甲女神。

這女神出生時，吶喊的聲音震撼天地，太陽停止轉動，海水掀起波濤，直到女神脫下盔甲，世界才恢復平靜。

這個從宙斯頭顱裡生出來的女神，就是雅典娜。她擁有和宙斯一樣強大的力量和智慧，也是最得宙斯喜愛的孩子。

雅典城原來跟雅典娜大有關聯

雅典娜雖然集力量、智慧與美麗於一身，卻沒有自己的神殿。

她尋尋覓覓，在地中海邊找到一座新興的城市，那裡風景優美，地理環境適當，於是開心的說：「就是這裡了，我的神廟要建在這！」

「等一下，雅典娜，我可是妳的長輩，妳要讓給我！」說這話的是海神波塞頓，原來他也看上這兒，他對雅典人說：「你們用我的名字給這城市命名，替我建好神殿，我會賜給大家船隻、金銀和珠寶，好不好呀？」

「好呀！」人們拍手叫好。

波塞頓得意極了，以為這樣一來，自己就是那兒的守護神了。

雅典娜要大家安靜，她說：「你們應該選我做你們的守護神才對，我會賜給你們處事的智慧。」

一邊贈送財富，一邊賜予智慧，雅典人該選誰呢？

城裡的人辦了辯論會，辦了擂臺賽，卻仍無法決定該選誰來當守護神。

沒關係，人類選不出來，天神自己辦比賽。

比賽辦法很簡單，兩位天神送禮給人類，誰送的禮物好，誰就當守護神。

為了得到這座城，波塞頓把三叉戟擲向遠處的山巒。山上冒起一陣白煙，幾匹白馬從煙霧裡跑了出來，牠們神駿飛揚，蹄聲動天。

可惜，城裡的人沒見過馬，自然也不會騎馬。

馬有什麼用途，人們不懂，更不會認為那是什麼寶貝。

輪到雅典娜了，她面露微笑，拿起長矛往地上一戳，地上冒出無數橄欖枝，它們向上伸展枝葉，結出無數橄欖。人們看它又會結果又能乘涼，拍拍手，歡呼著，個個露出滿意的笑容。

比賽結果不言而喻：人們最後用雅典娜作為城堡的名字，雅典城也在後來成為希臘的首都，孕育出人類文明的重要基礎。

想和雅典娜一分勝負的阿爾克墨涅

雅典娜好勝心強，海神波塞頓她不怕，非分出勝負不可。

如果遇到人呢？

阿爾克墨涅是個小女孩，她編織本事非凡，人們都說雅典娜曾經教導過她，所以她的手藝才如此厲害。

「雅典娜怎能跟我比呢？」阿爾克墨涅搖搖頭，很不以為然。

好勝心強的雅典娜，豈能忍受這種嘲笑？她變成一位老婆婆，跑來找阿爾克墨涅。

「孩子，妳快收回對神不敬的話語，妳怎麼比得過女神呢？」

阿爾克墨涅對自己有信心，「我說的全是實話，哪裡不敬了呢？」

雅典娜聽了，氣得現出真面目，要向她挑戰編織技術。

人神之間的比賽開始了。

雅典娜織的是一場天神間的競賽：她把宙斯織在正中間，一邊是波塞頓，手持三叉神戟，躍馬破浪而出；一邊是雅典娜自己，她穿著黃金盔甲，手握長矛。

畫面上，海潮洶湧，烏雲密布，充滿了緊張懸疑的氣息。

阿爾克墨涅呢？她埋頭猛織，只想織出比雅典娜更好的作品。

她織什麼呢？

哎呀，她織的是天神下凡所犯的罪行，像是宙斯變成公牛，騙走了歐羅巴……

這下子，雅典娜真的生氣了，她伸手一指，阿爾克墨涅的頭和四肢就越來越小，越來越小，最後只剩下一顆大大的肚子，然而她仍然不知道自己變了模樣，還在不停織呀織呀，織呀織，只想織贏雅典娜。

最後，阿爾克墨涅變成了一隻不斷吐絲織網的蜘蛛，永遠懸掛在樹枝上編織個不停。

直到今天，蜘蛛們仍持續織呀織。如果你在角落發現一隻蜘蛛不停織著網，別懷疑，那就是被雅典娜打敗的阿爾克墨涅！

神話大人物

雅典娜　希臘神話裡的智慧女神，她戴頭盔，一手拿著盾牌，一手拿著矛，身上披著威武的羊皮胸甲，她的矛尖往地上一插變出橄欖樹，這是希臘盛產橄欖的原因。她還掌管藝術、發明、武藝，也負責守護以她名字命名的希臘首都雅典城。

第6課

最多才多藝的太陽神阿波羅

神話中最有名的天神莫過於阿波羅了！
他在天界粉絲很多，引人注目，誕生故事更是不同於其他天神！
沒想到，多才多藝的他，竟然追求不到心儀的對象……

阿波羅的誕生

阿波羅是人類的保護神，也是光明之神、預言之神。他擁有俊美的臉龐，強健優雅的體格，還擁有高超的音樂才華，是眾多女神心目中的花美男之一。

不凡的人當然要有不平凡的誕生故事。阿波羅的父親是宙斯，母親是女神勒托。勒托要生產時，愛吃醋的天后赫拉自然也憤怒到了極點，她怎麼能容忍丈夫愛的女人產下孩子呢？

「我命令大地不能給她生產的場所。」

大地都不能給她生產的地方，這可怎麼辦呀？既然不能在大地上生產，宙斯情急之下，將勒托變成一隻鵪鶉，讓她飛去尋找安全的地方生孩子。

為了斬草除根，赫拉還派一條大蟒蛇跟蹤勒托，想盡辦法就是要除掉她，怎麼

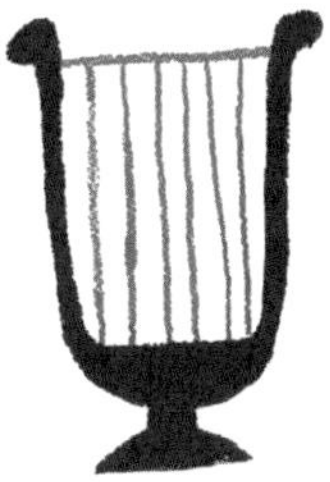

辦呢？

勒托化身而成的鵪鶉急得在愛琴海上飛來飛去，根本找不到落腳地，而她的肚子又痛又急，眼看孩子就快出生了，幸好，在最危險的時候，她看到海上有個很小很小的島，那是提洛斯島。

這座島是浮島，它會隨著潮水漂動，今天漂過來，明天漂過去。海神波塞頓同情她，便用自己的三叉戟讓提洛斯島停止漂動。

有了海神的協助，勒托變的鵪鶉終於能落腳在島上，她恢復人形，先生下了月亮女神阿爾特彌斯。不過，生完阿爾特彌斯後，她肚子竟然還在痛，原來裡頭還有個寶寶呢。

幸好，在剛出生的月亮女神協助下，她又花了九天九夜才生下雙胞胎的弟弟阿波羅。

阿波羅一出生，天地一片祥和，有隻天鵝還繞著他飛了七圈呢。

苦苦追求黛芬妮的阿波羅

阿波羅長大了。有一天，他用箭射掉一條巨蟒，他覺得自己真了不起，站在山崗得意的左顧右盼，恰好看見愛神厄洛斯走過來。

厄洛斯手裡有把弓，不過，他不射動物和怪物，只往情人身上射。

阿波羅忍不住嘲笑他：

「厄洛斯，你算是射手嗎？」

「只有兒童，才拿那種弓箭吧？」

聽了這話，厄洛斯很生氣，他悄悄飛上山峰，趁阿波羅不注意時射了兩枝箭：

金箭射向阿波羅。

銀箭射向美麗的黛芬妮。

黛芬妮是河神潘尼亞斯的女兒，美麗脫俗。

這兩枝箭的作用不一樣，金箭讓人產生無限愛意，銀箭卻使人拒絕愛情。

阿波羅中了愛神的金箭，只覺得熾熱的愛情在心裡燃燒，他愛上黛芬妮，朝著她跑過去。

黛芬妮遠遠的看到阿波羅，銀箭也在她心裡起了作用，她立刻拔腿就逃，她跑得那麼快那麼急，彷彿見到世界上最可怕的怪獸。

兩個天神一前一後的跑起來。

阿波羅急於追到黛芬妮，他喊著：「不要害怕，妳停下來看看我，我不是粗魯的鄉巴佬，也不是作惡多端的壞人，我是德爾菲神殿的主人，黛芬妮……」

黛芬妮一聽反而更害怕了，她聽過太多故事：被神看上的少女都沒有好下場，可憐的歐羅巴，可憐的伊娥……最好的結局就是流放……

她跑得快，但阿波羅追得更快，她幾乎可以感覺到阿波羅的呼吸了，她快跑出樹林了，一條大河出現在前方，她急忙呼救：

「父親，你若聽見我的聲音，救救我吧！我的美貌太吸引人了，改變它吧，讓它消失吧。」

河神深愛女兒，他連忙出手相救……

和風吹過，河水嘩啦啦。

黛芬妮跑著跑著，兩腿越來越沉重，漸漸跑不動了。她的頭髮變成了樹葉，兩臂變成了枝幹，美麗的腳這會兒牢牢植入土中。

阿波羅追到河邊，只看到一棵月桂樹，迎著風，招展著枝葉。

那是黛芬妮。

即使如此，阿波羅依舊愛她，他用手撫摸著樹幹，覺得她的心還在樹皮下跳動。

「妳為什麼要躲我呢？為什麼呀？」

阿波羅的愛意無處傾訴，他只能摘下葉子編成桂冠，宣布月桂樹是他的常青樹。日後，只有勝利者才能戴上這象徵榮耀的月桂冠。

神話大人物

阿波羅　希臘神話裡的太陽神，他是宙斯的兒子，也是月亮女神阿爾特彌斯的雙胞胎弟弟。阿波羅右手拿七弦琴，左手拿的金球象徵太陽，他是預言之神，古希臘人都會到他的神殿請求阿波羅說出預言。阿波羅是希臘神話裡最多才多藝、長相最俊美的天神。另外，源自古希臘傳統、每四年一次的奧林匹克運動會，獲勝選手之所以戴上象徵勝利的月桂冠，就是從阿波羅的故事來的！

第7課

擅長狩獵的月亮女神阿爾特彌斯

身為太陽神阿波羅的雙胞胎姊姊，
阿爾特彌斯負責掌管月亮的光芒，
她還守護愛情，
更擁有高超的狩獵技術呢！

守護愛情，卻沒談過戀愛

阿爾特彌斯美麗安祥，端莊嫻雅。還沒結婚的女孩子，都受到阿爾特彌斯的守護，少女們知道，想求得美好的愛情、幸福的婚姻，就要去求阿爾特彌斯。她是未婚少女的幸福御守，如果請她來拍廣告，絕對很受歡迎。

或許是因為她太美了，傳說中，她沒談過戀愛。

然而，事情總有例外，有一次，她駕著月亮馬車經過山谷時，被一個年輕俊美的男孩所吸引。

那是個牧羊人，名叫恩底彌翁。男孩平時在山谷裡放羊，累了就躺在草地上休憩。

這天，男孩累了，在草地上沉沉的睡了。

帥哥的光芒是遮不住的，阿爾特彌斯被恩底彌翁的帥氣給吸引了，女神的心怦怦的跳著，她動了凡心，悄悄走下銀色馬車，偷偷在恩底彌翁的臉上吻了一下。

這個吻驚醒了俊帥的恩底彌翁，他睜開雙眼看到美麗的女神，女神卻急忙隱沒回到天空，因此，恩底彌翁以為一切都是夢。

從此之後，阿爾特彌斯每晚都會從空中降下，偷吻熟睡中的牧羊人……

月亮女神的失職，終於引起宙斯的注意。

萬神之王決定清除人間對女神的誘惑。他把恩底彌翁召到天庭，讓他做出選擇……

一，死亡，避免再吸引月亮女神。

二，永遠活在夢裡，但也永遠保持青春。

牧羊人選擇了後者，從此之後，他永遠在山上沉睡，月亮女神只能懷著悲哀的心情遠遠望著他，想像自己正在偷吻他的臉龐。

小心！別惹阿爾特彌斯生氣！

除了主管月亮的光輝，阿爾特彌斯也是狩獵女神。

若有幸遇見她，你會看到一個穿著獵裝打扮的少女，帶著珍珠色的弓，閃閃發亮的箭，和可愛的仙女在林間漫遊、嬉戲。

阿爾特彌斯最喜歡到伽耳伽菲山谷休憩。

山谷裡長滿了松樹與翠柏，最深處有個隱蔽的山洞，由大自然鬼斧神工孕育而成，山洞入口像個拱門，拱門邊有道清泉，它細細的飛落，形成一個清淨涼爽的水池，水池邊是青草，阿爾特彌斯喜歡在這裡沐浴。

這天，阿爾特彌斯和仙女們又來了。

她把箭袋和弓交給侍女，把頭髮攏成一個髮髻，其他的侍女取甕汲水，從阿爾特彌斯的肩頭緩緩倒下。

這幅美好的畫面，卻被一個年輕人闖進而打斷。

闖進來的年輕人名叫阿克泰翁。

阿克泰翁也和朋友來打獵，鬼使神差的是，他哪兒沒去，偏叫他撞見阿爾特彌斯沐浴的景象。

他剛走進泉水叮咚的山洞，裸身的仙女們看見男人進來，尖叫聲幾乎響遍整個樹林。她們趕緊把阿爾特彌斯圍在中間，希望遮擋阿爾特彌斯的身體。然而阿爾特彌斯身材高䠷，即使隱在仙女群中，還是很明顯。

這麼尷尬的時候，阿爾特彌斯還看見那個冒冒失失的阿克泰翁正緊盯著她。可惜箭不在身旁，否則她一定會一箭射向他。情急之下，她也只能用水潑向阿克泰翁。

「如果你敢向人宣稱，看見女神沐浴的模樣……」

「我不……我……」阿克泰翁想向她保證，然而，奇妙的事發生了。

他想說話卻說不出口，他的身體向前傾，頭上長出鹿角，頭不斷向前伸直，耳朵變尖了，四肢變成了細長的腿，原本光滑的皮膚，現在長出了皮毛和斑點。

女神只給他一顆小小的膽，因為這膽子太小了，女神淺淺的笑了一聲，他竟然嚇得掉頭就跑。

阿克泰翁從沒想過自己會跑得這麼快，樹木不斷向後倒退，難以攀爬的岩壁，他竟然一躍即上。

跑呀跑呀，他直跑到一處清池邊才停下來。

「怎麼了？怎麼了？」

「我為什麼要跑呀？」

跑了這麼長的距離，他慌慌張張，而且渴得不得了，低頭正要喝水時，卻被水中倒影給嚇了一下，「神呀，這是怎麼回事？我怎麼變成一頭鹿呀？」

可惜，他說的話，只是一連串的叫聲。

「現在怎麼辦呢？」

該回到王宮呢？還是在樹林裡藏起來？

回去很丟人；不回去，他那顆小小的膽子在發抖呢！

正發愁時，遠處傳來一陣狗吠聲，啊，那熟悉的狗叫聲。

阿克泰翁開心的迎向前去。「是我的狗、我的狗！」

那些獵犬也發現他了，牠們露出尖銳的牙齒，朝他狂吠而來，那種陣勢，不像是快樂迎向主人的小狗，倒像是發現了獵物……

阿克泰翁驀然想起：「我現在變成一隻鹿，所以我變成了牠們的獵物。」他嚇得再次狂奔，然而，這幾條狗是他親手訓練的，牠們不但善於追蹤，更會打包圍戰。獵犬們分開成一個大大的圈子，阿克泰翁無論往哪個方向，都逃不出去。

最先咬住他的，是他的隊長，黑色的大班，狠狠咬住他的後腿。然後撲上來的是黃狼和白毛，牠們用尖牙咬著他，不讓他再往前跑。

「伊──嘰──」阿克泰翁發出來的聲音不像鹿，也不像人，他悲慘的叫聲，環繞在他昔日打獵的山巒間，他看見自己的朋友正拿著箭過來了，他們彼此唱和，尋找阿克泰翁，卻不明白，阿克泰翁正在他們眼前。

「好肥美的鹿。」

「可惜阿克泰翁不在這裡。」

「來吧，看誰先把牠射倒。」

「伊……」阿克泰翁聽到這裡，急切的大叫，然而他根本說不出一句完整的話。

凶狠的狗咬著他，無情的箭射向他。

他在悲鳴中緩緩倒下。

也只有這樣，被冒犯的阿爾特彌斯才肯原諒他。

神話大人物

阿爾特彌斯　月亮女神、狩獵女神，也是太陽神阿波羅的雙胞胎姊姊。羅馬神話裡又叫做黛安娜。阿波羅駕駛著太陽車，遍地灑滿陽光時，阿爾特彌斯就躲在森林裡與仙女們玩耍、狩獵。傍晚的時候，換她登上銀光閃爍的月亮馬車出巡，穿過夜晚的天空。

第8課

神仙保姆
狄蜜特

掌管人間農作物收成的狄蜜特，
最疼愛的是自己的女兒。
狄蜜特不僅擅長照顧莊稼，對幼童教育也很有一套，
只是，手法比較「特別」一點……

大地荒蕪，田裡的作物歉收。放眼望去，一片死氣沉沉，人們的穀倉空蕩蕩，很多地方開始鬧飢荒。人們跑去向神請示，祭司們說是女神狄蜜特太悲傷，無暇管理人間。

狄蜜特怎麼了？

哎呀，原來是她的女兒波瑟芬妮不見了。

波瑟芬妮掌管青春之泉，因為她太美了，冥王黑帝斯對她一見鍾情，變出幾朵水仙花，吸引波瑟芬妮的目光，波瑟芬妮一停下腳步，他就把波瑟芬妮帶到陰間了。

狄蜜特是個好媽媽，女兒不見了，她急呀。

當年還沒有警察局，失蹤「仙」口的案件，也不知道該往哪裡報案。

她只能憑著自己的力量，問遍奧林匹斯眾神：「誰看見我女兒了？」

奧林匹斯有多少天神，她就走了多少地方，只是她找得這麼勤，卻沒有一位天神知道波瑟芬妮的下落。

她整整找了九天九夜，急到頭髮都白了，直到她想起來，有位天神一定知道女兒的下落，那就是太陽神。

太陽每天高高俯瞰大地，沒有一個角落他照不到。

「我女兒呢？你看到了嗎？」

慈母的悲傷，讓太陽神忍不住鬆口透露：「她……她被冥神帶走了。」

「冥神，在地獄呀，我的女兒呀……」

傷心欲絕的狄蜜特，化成白髮蒼蒼的老婆婆，蒙著黑紗，罩著黑袍，要走到哪裡呢，她也不知道。

這天，她來到依琉西斯，一戶人家收留了她。

神也要人收留，很奇怪嗎？

不，更奇怪的是，這戶人家有個剛出生的嬰兒，狄蜜特就在這兒當起了保姆。

好好的神不當，反而來搶保姆的工作，怪不怪？

對小嬰兒來說，有個神仙保姆，可是全世界最幸福的事。

狄蜜特把對女兒的思念，全用在這孩子身上。

神仙當保姆，妖魔鬼怪不敢來，小嬰兒平安長大，多好。

別的孩子喝牛奶、羊奶，狄蜜特給嬰兒喝仙液，每天一小口，嬰兒的皮膚光滑又柔嫩，長期飲用，還能獲得永恆的青春。

凡人保姆讓孩子睡床上，整夜要起來照看；神仙保姆狄蜜特卻把嬰兒放在爐火中烤，烈火能消除掉嬰兒的凡夫俗子味道，火烤得越熾烈，小嬰兒就越像天神，散發尊貴的光芒。

狄蜜特沒上過保姆訓練班，但是她照顧的嬰兒卻比別人強壯可愛。

嬰兒的媽媽卻不禁擔心起來：「又不餵牛奶，也沒把兒子抱出來玩一玩，這……」

半夜裡，這媽媽偷偷起床去看看，這一看，不得了。「天哪，天哪，妳怎麼……把我兒子丟進火裡烤？」

當年沒有八卦日報，不然又會多一則虐嬰的頭條新聞。少見多怪的嬰兒母親，讓狄蜜特因為失去女兒的悲傷、憤怒來到最高點，她一把抓起孩子摔到地上，現出她原本的模樣：她身上沐浴著最聖潔的光芒，光輝照亮屋裡最陰暗的角落，那光亮，猶如你在寒夜的街頭遇到一間二十四小時不打烊的便利商店一樣。

嬰兒母親惶恐極了，狄蜜特告訴她，想請求她的原諒，必須在城外為她蓋一間神殿。

「行行行，一定一定一定。」嬰兒的母親嚇呆了，她趴在地上，渾身發抖，連女神走了都還渾然不覺呢。

依琉西斯的人們知道了，都很樂意幫女神蓋神廟。畢竟，穀物之神是人們生活裡最重要的神祇，少了她，人間將陷入永遠的飢餓呀。

神殿完工時，狄蜜特回來坐鎮，她孤獨的坐在那兒。

她因為想念女兒而持續消瘦，大地依然蕭索，穀物持續歉收。

人們的生活痛苦，地裡什麼都長不出來，不管牛隻如何辛勤的耕種，田裡什麼都沒有。

宙斯派了好多的神仙去勸她，請她在思念女兒之際，也能讓莊稼稍微長一長。

「沒有女兒，什麼都沒有。」女神堅持。

宙斯只好派特使荷米斯去冥間，請冥王黑帝斯讓波瑟芬妮回到狄蜜特的身邊。

荷米斯進到永恆黑暗的地獄，冥王在神殿裡接見他。失蹤了的波瑟芬妮就坐在冥王身邊。她滿臉愁苦，冥王一靠近她，她就拚命往後退，一聽到有重返人間的機會，她什麼也不顧，只想立刻就走。

「我不能拒絕宙斯的命令。」冥王深情的拉著她，說道：「但是請妳記得我的好，別急，先吃個點心再走吧。」

冥王的點心是一顆石榴，波瑟芬妮只想趕快回到母親身邊，這時就算要她吃下一條惡龍，她也會

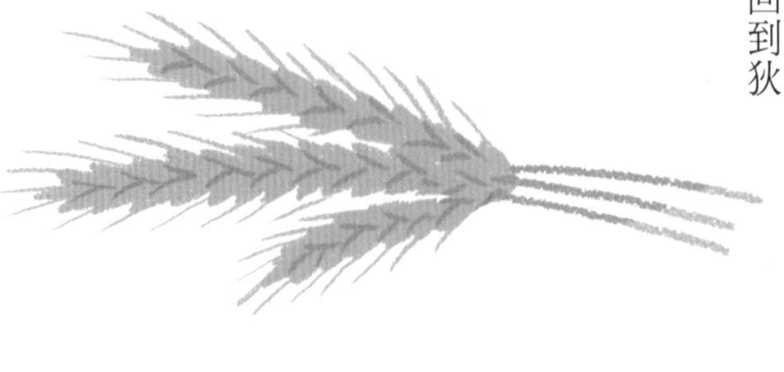

照做。

女兒終於回來了。

狄蜜特好開心好開心，母女倆有那麼多的話要說，她們整整說了三天三夜，從波瑟芬妮一歲說起，直說到冥王請她吃的石榴為止。

「妳吃了冥王的東西？」

「妳竟然吃了冥王的東西？」

狄蜜特心裡一陣悲傷，她知道女兒一旦吃下冥王的東西，必須再回陰間……

女兒回來後，大地又恢復欣欣向榮的景象，田裡莊稼成熟，樹上果子結實纍纍。

不過，這一切會在秋天告一段落，那時，波瑟芬妮必須回到陰間，狄蜜特也因為想念女兒，再度封鎖大地。

從此，一年有四個月，大地將被白雪封鎖，這一切，全因為一位母親思念女兒而起。

神話大人物

狄蜜特　在希臘神話中，狄蜜特負責管理農業、穀物和母愛。她是克羅諾斯的第二個女兒，也是赫拉和宙斯的姊姊，和宙斯生下心愛的女兒波瑟芬妮。她給予大地生機，教授人類耕種，由於女兒波瑟芬妮必須定期返回冥王黑帝斯身邊居住，在狄蜜特傷心之下，人間便從此有了季節之分，不再四季如春，時時有豐盛的農作物可以收成。

第9課

掌管愛與美的
愛芙羅黛蒂

掌管愛情的愛芙羅黛蒂溫柔美麗，
也是美與和諧的化身，
但如果你以為她就像東方的「月下老人」，
總是致力於促成天下佳偶、消除感情困擾，
那麼，你可就大錯特錯了……

從泡沫誕生的愛芙羅黛蒂

天空之神烏拉諾斯死後，他的生殖器被拋入海中，海中湧起珍珠般的泡沫，那是神奇的泡沫，從那片泡沫裡，走出了希臘神話裡最美的女神——愛芙羅黛蒂。她從海裡升起的巨大貝殼中走出來，她踩出的每個腳印，都開出一朵朵美麗的花。

海岸邊，有仙女等著她，幫她戴上金冠，為她穿彩衣，還幫她繫上金腰帶。她登上鴿子拉的彩車，飛向奧林匹斯山。

這麼美的女神，吸引眾神的目光。最愛她的人是宙斯。宙斯向她求婚，愛芙羅黛蒂卻當著眾神，毫不留情的拒絕。

「行行行，那妳就嫁給赫菲斯托斯吧。」惱羞成怒的宙斯，竟把愛芙羅黛蒂許配給火神鐵匠。

火神鐵匠瘸腿又醜陋，要愛芙羅黛蒂嫁給他，那不是把一朵鮮花，硬生生插在牛……

愛芙羅黛蒂也很生氣呀，為了報復，她四處和人談戀愛，非要讓宙斯和赫菲斯托斯看看，她可不是沒人要的。

赫菲斯托斯雖然長得醜，手藝卻很精巧，雖然那個年代沒有徵信社，想抓太太外遇得自己來。赫菲斯托斯親手打造一張精細的金網，一拋，就能拋中正和情人約會的愛芙羅黛蒂。

赫菲斯托斯還沒消氣，他提著金網，找來奧林匹斯山上諸神，讓大家看看這對偷情的天神。

阿波羅也擠在人群裡，他看愛芙羅黛蒂那美麗又羞澀的模

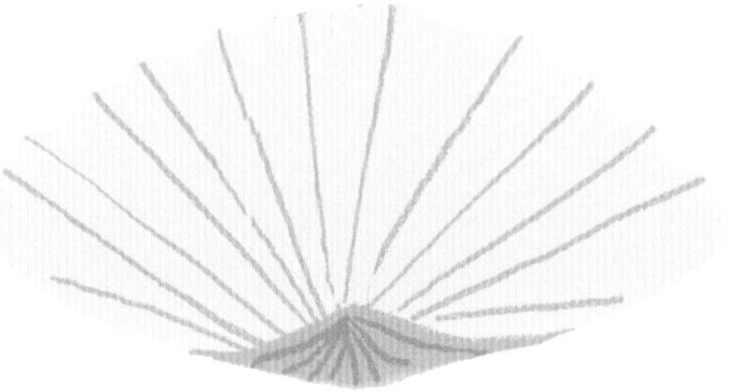

樣，心裡對她也是又愛又憐，他跟一旁的荷米斯說：「如果是我讓人家這樣公開羞辱，那一定很丟臉。」

荷米斯卻說：「老實跟你說，如果我能和這麼美麗的愛神捆綁在一起，就算再加三條鐵鏈，再請全奧林匹斯山的女神來指責我，我也心甘情願。」

這種家務事，沒人能解，最後還是海神波塞頓出面，這才讓赫菲斯托斯把她們放了出來。

愛神後來收斂，不再談戀愛了？

當然不，如果她不再談戀愛，那就不是愛神了嘛。後來，她為了感謝波塞頓，和波塞頓生了一個孩子。她最喜歡戰神阿瑞斯，於是也和戰神生下了小愛神厄洛斯……

小愛神厄洛斯的愛情故事

提到愛芙羅黛蒂的兒子小愛神厄洛斯，還有一個故事得說。

很久很久以前，有三位美麗的公主，她們美貌無敵，因此受人喜愛。三姊妹中，最小的公主氣質尤其不凡，當她和姊姊們出來時，人們會以為這位小公主是天神下凡。

賽姬，是小公主的名字，她太美了，天天都有人不遠千里來看她，他們千里迢迢騎馬前來，只為了見她一眼。

在那個時候，看賽姬變成全民運動。

人們當然無法直接去找她，就算只是隔著街道，只要能看她一眼，也是莫大的幸福。

既然人間就有這麼美的人，何必再去找真正的愛神愛芙羅黛蒂呢？

於是，賽姬越受歡迎，愛神的神殿就越受人冷落。

漸漸的，愛芙羅黛蒂的神殿積了厚厚一層灰，神壇上早早就沒有了供品，而牆角天花板的蜘蛛，日日在上頭舉辦織網大賽。椅子倒了，桌子翻了，垃圾凌亂的撒在地上……

心高氣傲的愛芙羅黛蒂氣極了。

對，別以為神就不會生氣，希臘神話裡的神跟我們一樣有七情六欲。

愛芙羅黛蒂把兒子厄洛斯找來。

厄洛斯是誰？你一定認識他，他就是那個背上有對翅膀，手裡拿著弓箭的愛神，羅馬人把他叫做丘比特，不過，在希臘神話裡，他叫厄洛斯。厄洛斯又高又帥，人見人愛。

「兒子，」愛芙羅黛蒂說：「把你的箭朝那女孩身上射去，看好，別射錯人了，讓她愛上世界上最醜的男人。」

嫉妒會殺人，嫉妒也會害了自己人。

厄洛斯不敢違背母命，母親要他讓美女愛醜男，他就去了。母親叫他看看賽姬，他就真的看了賽姬一眼。

就那一眼，金箭都還沒射出去呢，他就被賽姬的美麗所吸引，箭尖還把自己的手指刺破了。

這個一向把愛情的箭射向眾人的厄洛斯，第一次被自己的箭射到。他慌慌張張的跑去找阿波羅，希望他想想辦法，因為他愛上賽姬了。

另一方面，賽姬的爸爸也來找阿波羅。

賽姬爸爸說，好奇怪，那麼多王公貴族來看我女兒，卻沒半個人來提親，為什麼呢？

為什麼呢？

阿波羅對賽姬的父親說：「這個女孩在人間是找不到情人的，她的真命天子正在山顛等著她，那是個連神魔也鬥不過的英雄人物。」

真的呀？聽了阿波羅的神諭，賽姬父親可是丈二金剛摸不著頭緒。回家跟三個女兒一講，賽姬倒是很看得開，「既是命中注定，就把我送去山上吧。」

送親隊伍把她帶到山頂，山上什麼都沒有，大家等了一陣，就回去了。

大家都走了之後，神奇的事發生了。

一股柔和的風吹來，把她憑空托起來，吹送到一個開滿了鮮花，流淌著甘甜溪水的山谷。山谷裡，處處是參天大樹，樹林深處，陽光斜射映照在金碧輝煌的宮殿。

賽姬鼓起勇氣走進宮內一看，哇，黃金地板，珠寶器具，銀牆金柱，一切的一切都令她又驚又喜。

突然，有個不知來自何處的聲音響起：「女主人，這裡的一切全屬於您。我們都是您的僕人。請到臥房休息，晚飯再請您到餐廳用餐，我們尊貴的主人，將會在子夜時分找您。」

主人？

賽姬明白，那將是她的丈夫。

那一夜，真有個男子來找她，陪她聊了一夜的話，那男子的聲音尊貴高雅，對她又體貼又溫柔。

天亮了，第一道曙光照進來之前，她的丈夫就不見了。

一夜又一夜，她的丈夫總是夜裡來，黎明走，賽姬從沒見過他的樣子。

「你不能留下來嗎？」她不止一次如此要求。

「不，妳不能見到我的樣子。」夜裡的丈夫總是這麼說。

雖然這裡衣食無缺，生活富裕，但是白天沒人陪她，日子久了，她開始想家，丈夫只好答應她，讓她接兩位姊姊來住幾天。

於是，當初載她來的柔風，也替她接來了兩個姊姊。

賽姬的疑心

姊姊們只是平凡人，雖然嫁給了富商與王子，然而和妹妹一比……

她們的生活簡直像一杯平凡的白開水。

姊姊們嫉妒死了。

別忘了，嫉妒會殺人，嫉妒也會害了自己人，即使是自己的妹妹。

她們故意對妹妹說：「神諭說妳命中要嫁給一個窮凶極惡的巨妖。山谷裡的居民也說，妳丈夫是條恐怖的大蛇。聽我們的話吧。等他睡熟時妳悄悄地下床，親眼看個明白。要是他們說對了，妳要勇敢的割下惡魔的頭，那時，妳就能恢復自由了。」

姊姊們的話，激起賽姬心裡的浪花，況且她本來就很好奇，自己的丈夫到底長怎樣呢？

姊姊們一回家，那一晚，她便採取行動。

她準備了一盞燈，一把刀。燈是油燈，刀是快刀，丈夫一入睡，她悄悄起身，把燈湊近床邊，在燈光照耀下，她看見的不是惡魔，而是她所見過最俊美的天神厄洛斯。

厄洛斯有多俊呢？

嗯，你打著油燈都找不著的帥呀。

賽姬看得忘我，不小心，燈油滴到厄洛斯的肩頭，他驚醒了，展開翅膀飛出窗外。

賽姬追出去，厄洛斯停在半空中說：「我娶妳已經違背母命，妳還把我當成惡魔，既然我們彼此猜忌，怎麼能在一起呢？」

於是，俊美的天神飛走了，消逝在雲端。

賽姬追不上他，更悲慘的是，丈夫一走，那些宮殿、花園也都消失得無影無蹤。

她把自己的遭遇講給姊姊們聽，兩個姊姊表面同情她，心裡可得意極了，第二天一大早，不約而同跑到山頂，召喚柔風：「把我們載走吧，載我們去找你們的主人，那個英俊的天神。」

一陣風來，這兩個被嫉妒蒙蔽的姊姊便往風裡跳，她們以為風會把她們載走，不幸的是，那只是山谷吹來的風，沒有神力，兩人因此掉落懸崖，摔得粉身碎骨。

愛芙羅黛蒂給賽姬的考驗

可憐的賽姬呢？

丈夫離開越久，賽姬越想念他。她發誓，走遍千山萬水，也要找到他。

這天，她在荒野發現一棟神殿，於是心想：「說不定，我丈夫就住在裡頭呢。」

神殿的地板又髒又亂，她是個虔誠的人，覺得神都該受到尊重，便動手把凌亂的神殿收拾得乾乾淨淨。

神殿的主人是黑忒耳，她不忍心，決定幫她，便說：「妳想找到丈夫，先向愛芙羅黛蒂請罪吧。」

愛芙羅黛蒂看見賽姬，不禁震怒。這個搶走兒子的女人、搶走她風采的女人，竟然還敢來找她？

她氣得七孔冒煙，派人把賽姬帶到神殿後的倉庫，那裡有無數的穀物：大麥、小麥、小米，和豌豆混雜在一起。

「天黑前把這些穀物分出來，再來談原諒吧。」愛芙羅黛蒂說。

穀物細小紛雜，即使一百個賽姬也完成不了。

幸好，厄洛斯保護她，現在正躲在雲端裡著急呢。

等愛芙羅黛蒂後腳走，厄洛斯就開始施法了。

厄洛斯喚起螞蟻對賽姬的同情心，無數的螞蟻從四面八方趕來，牠們把穀物按著種類分裝到不同的袋子裡，無數的螞蟻，搬起來又快又穩，太陽還沒落到西方樹梢，整個倉庫的穀物已經分裝得妥妥當當，連一顆也沒有擺錯位置。

黃昏，愛芙羅黛蒂得意的回來了，她正準備懲治賽姬，卻發現工作完成了。

「怎麼可能？怎麼可能？」她突然恍然大悟：「這絕不是妳一個人做的，是他幫妳的。」

「他？」賽姬領悟到原來是自己丈夫幫的忙，內心很開心，嘴角不由自主浮起一絲微笑。

那一抹笑容讓愛芙羅黛蒂更生氣了。

第二天一早，愛芙羅黛蒂說：「河堤邊有一片林子，一群長著金毛的羊在那兒吃草，妳從每一頭羊身上拔一撮金羊毛來，我要用。」

賽姬立刻出發，河邊的蘆葦受厄洛斯之託，它們警告賽姬：「妳千萬別走進那條險惡的急流，也別靠近外表文靜的山羊。急流暗藏漩渦，羊群很凶猛，世界不像妳眼睛所見的那般平靜。不過，別擔心，正午的陽光會把牠們趕到樹蔭下，水裡的安靜精靈會催牠們入眠，那時，妳就可以平安無事涉過河水，在灌木欉中找到牠們遺落的金羊毛。」

於是，賽姬照著他們的話做，順利完成任務。

沒想到，愛芙羅黛蒂不但不誇獎她，反而又給她更可怕的任務。她說：「拿這個盒子到地獄走一趟，把它交給冥后波瑟芬妮，請她送給我一點青春的容顏。」

去冥間怎麼可能安全回來呢？

賽姬認為擺在眼前的只有死路一條，她爬上高塔，想從上頭跳下去，結束自己悲慘的命運。

塔裡突然傳來一陣聲音，告訴她如何進入冥王的國度，如何請陰間擺渡者送她往返黑水河。這聲音還叮嚀她：「無論如何，妳在回來的路上，絕對不能打開那個盒子。」

賽姬遵照吩咐，過了黑河，拿了盒子，順著原路回來。

眼看任務就要完成了，但是強烈的好奇心此時突然蠢蠢欲動。她心想：「盒子裡有什麼呢？我一定得看看才行！」

她小心翼翼打開盒子一角，盒裡的睡鬼立刻竄了出來，他附在賽姬身上，賽姬就在河邊沉沉的睡去。

日換星移，月昇月落。

還好，她睡了沒多久，她的保護神厄洛斯來了，厄洛斯將睡鬼趕回盒裡，輕聲喚醒賽姬。

「妳差點兒被好奇心害死，現在，妳快去找我媽交差吧。」

這下子，愛芙羅黛蒂再也沒理由害她了，從此，她就和厄洛斯過著幸福快樂而又長生不老的神仙生活。

雕像情人

愛芙羅黛蒂雖然在兒子的感情路上幾度阻撓，她畢竟還是個盡責的愛神，講一個她成功推動的愛情故事吧。

畢馬里翁是賽普勒斯的天才雕刻家，他有一雙巧手，刻什麼像什麼，城裡的少女都喜歡他。奇怪的是，這些美少女，他一個也看不上眼。

「找不到完美情人，我就不結婚。」畢馬里翁打定主意。

平常他替人雕刻，不管是哪位英雄、神祇的雕像他都刻。空暇時，他就自己在一塊象牙上雕雕打打，刻自己腦海裡的作品。刻的什麼呢？

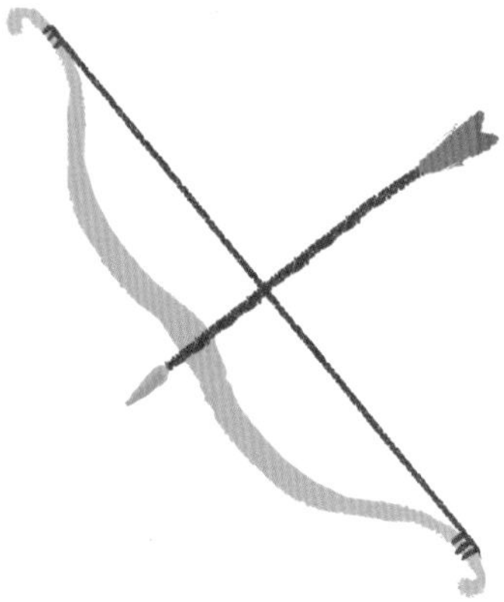

啊，那是一位少女。這個少女的臉龐、身材和長相，全照著他腦海裡所能想

到最美麗的形象去雕琢，他日夜不停的雕呀刻呀……

如果你有幸看到他刻出來的雕像，你會看到：少女的身材比例完美，有絕世的容貌，她的笑容甜美，彷彿有什麼話要向人說。

她看起來是那麼溫柔那麼大方，走遍全世界，你也找不到一位姑娘能跟她相比。

叩叩叩。

叩叩叩。

畢馬里翁的住宅，天天傳出輕快的雕鑿聲響。

直到有一天，叩——叩——叩。

他的雕刻刀停下來了。

他左看看，右看看，雕像渾身上下再也找不到任何一絲不妥了，這少女的雕像是那麼的美。

看著看著，他被少女的美給完全吸引，心裡充滿了對「她」的熱愛。

他忘情的把手放在雕像上，對著雕像說話，親吻她，握著她的手指，在月光下，整夜整夜的看著她也不厭倦。

「擁有妳，是我最大的幸福。」

他不斷向雕像表達愛慕之意，送她各式各樣女孩會喜歡的禮物：

小巧的貝殼、

光滑的鵝卵石、

愛唱歌的鳥兒、

野外最美的花朵。

畢馬里翁甚至替她穿衣服，給她戴上寶石項圈，配上珍珠耳環。

對了，他還鋪了最軟最鮮豔的床單，為她準備了最舒服的枕頭。

畢馬里翁覺得自己是世上最幸福的男人，因為他喜愛的姑娘，不會老去，不會離開他。

「我永遠愛妳。」他說得這麼熱烈，然而他的情人，卻一句話也說不出來。

當然，更多時候，他也覺得自己是世上最不幸的人，因為不管他使出任何方法，他的情人總是無動於衷，絲毫不理他。

在賽普勒斯，愛芙羅黛蒂的節日會受到特別的慶祝。她從泡沫裡誕生後，最早接納她的就是賽普勒斯人。人們以雙角鑲著黃金的母牛供奉她，島上到處都是她的祭壇，飄散著宛若天堂的香氣。她的神殿從早到晚擠滿了人，大家帶著禮物，向她祈求自己愛情順利。

畢馬里翁也擠在人群裡，他不敢要求愛神把雕像許配給他，只求愛神讓他找到一位跟雕像相似的女子。

那天，愛芙羅黛蒂恰好也在神殿裡，她是愛神，完全明白畢馬里翁的心思，她眼睛一瞄，祭壇上的燭火連跳三次，發出了耀眼的光芒。

賽普勒斯的人都知道，神殿燭火連跳三次，表示愛芙羅黛蒂了解他的想法，那可是吉兆呀。

畢馬里翁回家的路上東張西望，可是路上找不到任何一位看起來與雕像相似的少女。

回到家，他一如以往，深情的去探望雕像，她依然站在台座上，豔光四射，神情如同往昔。

他伸手想拉少女的手時，一碰到她，卻不禁嚇得連退了三步。

「怎麼回事？」

溫潤如玉的手，彷彿有生命般，他甚至感受到肌膚的柔軟。

這是錯覺嗎？

畢馬里翁忍不住吻了她，雕像的硬度不見了，倒像是一塊黃蠟在陽光下變軟了般。

他抱住雕像的腰，感受到一股脈搏，在少女肌膚下跳動。

「愛芙羅黛蒂！這是愛芙羅黛蒂的神蹟！」他張開雙臂擁抱情人，心裡有說不出的喜悅，他低頭看著自己的最愛，果然發現，那少女也正微笑著看他，臉頰上一片紅暈。

愛芙羅黛蒂親自參加他們的婚禮，並且為他們祝福。

在月亮九度圓缺之後，這對幸福的夫妻還得到一個孩子。

他們把他命名為巴弗斯，並且以這個名字給愛芙羅黛蒂最喜愛的城市命名。這個城市現在就在賽普勒斯喔。

神話大人物

愛芙羅黛蒂　希臘神話裡負責掌管愛情、美麗的女神。羅馬神話中叫她維納斯。愛芙羅黛蒂有最完美的身材和樣貌，她的模樣被認為是女性體格最美的典範代表。因為宙斯故意把她許配給醜陋的火神，愛芙羅黛蒂很生氣，於是也對宙斯施法，從此宙斯就成了風流天神，成天追求美麗的女子，因此家中永遠不得安寧。

厄洛斯　愛神愛芙羅黛蒂的兒子，羅馬神話中稱他為丘比特。在希臘神話中，他外貌英俊，受人尊敬，妻子賽姬第一次見到他的真面目也怦然心動。但在羅馬神話中，他的外型是一個手拿弓箭的調皮小男孩。他的金箭射中人心會使人心生愛情，銀箭卻相反，讓人心生憎惡。他喜歡到處亂飛，淘氣的亂點鴛鴦譜。

第10課 宙斯的情人

大家都知道宙斯是掌管世界的萬神之王，
也知道威力無邊的他到處留情，
而他的妻子赫拉更是常為他的風流韻事而窮追猛打。
一想到蒙受萬神之王青睞的女子們最後的下場，
真不知她們是幸？還是不幸？……

既是萬神之王，也是花花公子？

宙斯是萬神之王，地位崇高，主宰天空、雲雨，還以閃電當武器，一施展下去，轟隆轟隆炸得敵人心顫膽寒。

不過宙斯最聞名遐邇的卻是他的愛情史。在希臘神話裡，他總是四處尋找美女，不管是女神、公主還是平凡的人間女子，只要長得夠漂亮，宙斯總會千里迢迢的前去追求。

有的父親怕女兒太漂亮，還建個地下室，把女兒藏進去，但是宙斯就是有辦法，化成一陣金雨他都能登堂入室。

夠神了吧？

大概為了制衡他，希臘神話裡，宙斯娶的是自己的姊姊，也是奧林匹斯山上最美的女神之一赫拉。赫拉擁有極為可怕的嫉妒心，她的絕技就是最強最靈敏的丈夫雷達搜索機，讓她隨時隨地都能找到老公的行蹤。如果她知道老公去哪兒約會，她就會怒氣沖沖趕過去。只要赫拉一生氣，可是連萬神之王宙斯都怕的。

老婆這麼凶，宙斯願意收斂嗎？沒有，為了追求美女，宙斯無所不用其極，不管是用變身術、隱身術，還是誘拐良家婦女，只要能夠追到美麗的女子，萬神之王做什麼都願意。

戀愛很開心，但是戀愛的後果很嚴重。別忘了赫拉的善妒，每當她在故事裡出現，多半都正在懲罰宙斯的情人，而且，她連情敵的孩子也不放過喔。這實在不能完全怪她，宙斯太花心了，到處留情，愛完一陣子又不負責任，最後都要讓赫拉出來當壞人。

表面上看起來，宙斯是個花心大蘿蔔，但也有學者解釋，宙斯這筆糊塗帳，有大半都是其他神做的，只是當時宙斯的名聲太響，既然這種戀愛都要賴給神，那就全部賴給宙斯，因為他愛人太多，也沒差多加這幾筆。

這麼說起來，宙斯也真是個苦主呢。

被唐突求婚的伊娥

伊娥是伊那科斯國王的小女兒，清純可愛，人見人愛。

有一天，伊娥在草地上牧羊，宙斯看見她，立刻愛上她。

宙斯變成一位高大英俊的青年，來到伊娥面前說：「美麗的小姑娘，凡人配不上妳，妳應該當萬神之王的新娘。」

這話很唐突，怎麼會突然有人來說這種話？所以伊娥拔腿就跑。

「我就是宙斯，妳應該嫁給我。」露出真面目的宙斯想拉住伊娥，伊娥很害怕，哪裡來這麼魯莽的人？不管是神還是人，想追求情人，沒有人這麼直接呀？

她又害怕又尷尬，跑得越來越快。

宙斯召來一團雲霧，這團霧遮天蔽地，把他和伊娥給罩起來，他就可以在霧裡專心追求伊娥。

這真是天衣無縫的好計謀，不過，宙斯的老婆赫拉很精明，她發覺山谷怎麼突然出現濃霧，便心想：「那一定是……」

她輕輕吹出一陣風，把霧氣趕走。

「糟啦，赫拉來啦。」

宙斯怕老婆，連忙把伊娥變成一頭小母牛。

這是一頭可愛的小母牛，雪白的毛皮，修長的四肢。

赫拉見狀冷笑一聲。「這是誰家的牛呀？」

「我……我也不知道。」宙斯慌慌張張的說。

「既然你不知道，我就帶她走吧。」

宙斯還能說什麼呢，他只能眼睜睜看著伊娥被帶走了。

赫拉牽著伊娥，一邊走一邊想，該把伊娥交給誰看管呢？

「有了，找阿耳戈斯。」

阿耳戈斯有一百隻眼睛，睡覺時只要閉上一隻眼睛，其他九十九隻眼睛都像星星一樣閃閃發亮，找他來看管一頭牛，絕對沒問題。

阿耳戈斯接了赫拉的命令，拿出長長的鎖鏈套住伊娥。

這會兒，伊娥只能吃著苦草，喝著汙水，她乞求阿耳戈斯憐憫，但是她說不出人話，只能哞哞的叫著，那聲音連她自己也聽不懂。

即便如此，赫拉還是不放心，她擔心宙斯又來找伊娥，便命令阿耳戈斯每天都要換牧場，從河邊到森林，從山谷到林野。

伊娥被阿耳戈斯拉著，經過好多好多地方，直到有一天，她發現，四周的景色好熟悉。

「這裡……以前我常來這裡玩。」

原來，不知不覺，阿耳戈斯竟然不小心把伊娥帶回了故鄉。

伊娥還看見伊那科斯國王，那是她爸爸。

可惜，國王認不出女兒，失去伊娥的傷痛，讓國王臉上多了好多滄桑。

伊娥走近父親身旁，她不斷舔著父親的手，哞哞的叫著，希望時間永遠不要走。

國王覺得奇怪，這頭母牛跟著他的樣子，就像當年他的小女兒……

更奇怪的是，小母牛用腳在地上畫呀畫。

「那是……」

他驚奇的發現，小母牛在沙地上寫出「伊娥」兩個字。

「天哪，」國王緊緊抱著這頭牛。「孩子，我走遍各地都找不到妳，原來妳變成這個樣子。可憐的孩子，妳怎麼會變成一頭牛……」

伊那科斯國王還沒說完，阿耳戈斯大叫著跑過來，在伊那科斯國王面前，蠻橫的拉走她，逼她爬上高山……

看著愛人受苦，宙斯心裡也很難受，他偷偷叫來兒子荷米斯，要他想想法子救出伊娥。

荷米斯很聰明，他帶上一根能使人昏睡的荊木棍，再施法變出羊群，喬裝成牧羊人，邊走邊吹著牧笛。

荷米斯的牧笛很特別，古色古香，吹出來的曲子很優美……

阿耳戈斯很喜歡這曲子，他招呼荷米斯：「親愛的朋友，這兒的青草肥美多汁，何不讓你的羊群來這兒吃草，讓我聽你吹奏呢？」

「好啊，好啊。」

荷米斯就等著這機會，他坐在阿耳戈斯身邊，兩人在晚風中談天，第一顆星星升起來時，荷米斯吹動牧笛，音樂真好聽，阿耳戈斯忍不住打了一個哈欠又一個哈欠，一百隻眼睛的眼皮重得不得了。

好想睡呀……

阿耳戈斯記得赫拉的警告，他拚命與瞌睡蟲搏鬥，只敢讓部分眼睛睡著，另外一小部分眼睛仍然緊盯著伊娥。

為了讓阿耳戈斯鬆懈，荷米斯笑一笑，用最輕柔的聲音，告訴他手中牧笛的故事……

荷米斯說，從前從前，在雪山上住了一位女神緒任克斯。

緒任克斯很美，眾神都想追求她，緒任克斯卻巧妙的擺脫他們的追逐，過著自在的生活。

追逐者裡，山神潘的勢力最大，不巧的是，這一天，緒任克斯在森林漫遊時，竟然遇到了潘。

她想退開，卻已經來不及了。

「女神，我想跟妳說話。」潘的聲音讓山林晃動。

緒任克斯想也沒想，轉身就逃，以前她總是可以輕易擺脫追求者。然而，這回她跑沒多久，卻被一條大河擋住了。河水又深又急，她急忙呼喚守護女神阿爾特彌斯，祈求她在山神追來前，幫她改變模樣。

阿爾特彌斯是少女的守護神，她吹口仙氣。

砰砰砰，山神潘也追來了。

潘遠遠的看到緒任克斯，心裡大喜，張開雙臂，伸手想抱她。

然而，讓他吃驚的是，他雙手抱的感覺不像美女，等他睜開眼睛一看，發現自己竟然抱著一叢蘆葦。

那是阿爾特彌斯的功勞，她在最危急的時候，把緒任克斯變成了蘆葦。

山神說：「妳雖然變形了，我還是要永遠跟妳在一起。」

他將蘆葦做成一把笛子，從此以後，這種牧笛就被稱做「緒任克斯」。

荷米斯一邊說故事，一邊觀察阿耳戈斯，故事還沒講完，阿耳戈斯的眼睛已經一隻隻閉上，沉沉的睡著了。於是，荷米斯拔出利劍，一劍砍下阿耳戈斯的頭。

伊娥自由了，她高興的在草地上來回奔跑。

赫拉當然很生氣，真的很生氣，她怎麼能容許宙斯的情人快樂呢？所以，她變出一隻牛虻，讓牛虻追著伊娥。

牛虻很凶狠，牠只叮了伊娥一下，伊娥就發出悲慘的長鳴，邁開四蹄狂奔。牛虻還追著她，從高加索山到亞馬遜部落，越過博斯普魯斯海峽，穿過海洋到了亞洲。

經過長途跋涉，伊娥來到埃及。她在尼羅河河岸，絕望的昂起頭……

奧林匹斯山上的宙斯被她的神情給打動，他來到赫拉身邊，請求她寬恕伊娥：「一切都是我的錯，是我誘惑她，請讓她恢復人形吧。」

赫拉聽了他的求情，又看了看伊娥，她終於心軟了，允許宙斯恢復伊娥的原形。

宙斯來到尼羅河邊，伸手摸著小母牛，這頭可憐的母牛就從地上直立起來，恢復原來美麗的樣子。

故事還沒完，伊娥後來為宙斯生下一個兒子厄帕福斯。

伊娥受到埃及人民的愛戴，人們擁護她當女王，統治了埃及一段很長很長的時間。她死後，埃及人還為她建了神廟，把她當作神來崇拜呢。

被公牛載走的歐羅巴

腓尼基國王有位溫柔美麗的小女兒，名叫歐羅巴。

歐羅巴曾做過一個奇怪的夢，有位仙女對她說：「妳將來要做宙斯的情人。」那夢太真實了，歐羅巴醒來還記得清清楚楚。「是哪位天神，怎麼會讓我做這樣的夢呀？」

有一天，歐羅巴和同伴們去海邊散步。她們穿著金絲銀線織成的衣服，上頭繡滿了盛開的花。最美的姑娘是歐羅巴，她的皮膚白皙，聲音清亮，她的長裙被風吹動，閃閃發光，那件衣裳是火神赫菲斯托斯的作品，原本要送給利比亞國王，後來輾轉成了她的收藏。

歐羅巴赤著腳，跑在最前頭，前方的草地上有更多的野花，姑娘們四處跑開，有人跳舞，有人歌唱，歐羅巴編著花環哼著歌，她的聲音美妙動人，連小鹿、小羊都情不自禁跟著她。

這麼美的姑娘，吸引了萬神之王宙斯的目光。

「她好漂亮呀，她好漂亮呀……」

宙斯只看一眼就愛上了她，哦，不過他有個愛吃醋的老婆赫拉。該怎麼追求歐羅巴才不會被老婆發現呢？

宙斯把自己變成一頭大公牛。

這是一頭膘肥體壯、高貴華麗的公牛。金色的毛皮，彎曲的長角；牠的眼睛晶瑩閃亮，像最珍貴的鑽石；額頭上還有一枚新月形的標記。

海邊的姑娘都被這頭公牛吸引過來，她們伸手摸摸牠閃閃發亮的牛背，公牛似乎很通人性，牠依偎在歐羅巴的身上，歐羅巴嚇了一跳，她退了幾步，但公牛繼續跟著她，深情的望著她。

歐羅巴壯著膽子，把沒編完的花環送到公牛嘴邊，公牛舔舔她的手，歐羅巴咯咯的笑了起來，她的笑聲像銀鈴，公牛離她更近了，頭貼著她的手，歐羅巴好喜歡這頭公牛，最後還在牠的額頭上輕輕的吻了一下。

公牛叫了一聲，那聲音不像牛，倒像是牧笛被人吹動了，似乎在對她說：「爬上來吧，我載妳走走。」

歐羅巴很開心，呼喚她的同伴：「你們快過來，我們可以坐在公牛的背上。我想牛背上坐得下四個人，大家快來吧。」

她一邊說，一邊從女伴們的手上接過花環，掛在牛角上，赤著腳，騎上牛背。

「大家一起來吧。」

「這……」有個小姑娘躍躍欲試，卻遲遲不敢跟上她的腳步。

就在這時，看來溫馴無比的公牛，後腳一撐站了起來，歐羅巴笑得好開心。

「哇，牠動了，牠動了。」

女伴們圍著她，又拍手又叫好。

公牛邁開腳步，先繞大家一圈，然後走出草地，前頭是海了，公牛忽然加快了速度，在歐羅巴還沒反應過來時，那頭公牛躍進大海，背著她走了。

海灘上，那群小姑娘終於明白發生什麼事，她們想追，但追不上，大海太遼闊，最善游的姑娘也不敢下去，只能眼睜睜看著歐羅巴和公牛成了一個小黑點，然後消失不見。

牛背上的歐羅巴害怕極了，她用手緊緊抓著牛角不放。海風吹動她的衣裳，就像張開了的船帆。她只能回頭張望越離越遠的家鄉。她大聲呼喊同伴，只是海風太強，她送出去的聲音，全被風帶回來。

「放我下去。」

「我要回家。」

不管歐羅巴說什麼，公牛都不回答，牠平穩的游向大海深處，直到海岸消失，星星和月亮出來。

「我們要去哪裡呢？」

「接下來會怎樣呢？」

一整個晚上，歐羅巴不斷的問著公牛，也問著自己。

漸漸的，東方泛起金光，黎明來了。

公牛馱著她又游了一整天，神奇的是，不管海浪多洶湧，竟然沒有一滴海水濺到歐羅巴的身上。

黃昏時候，海變淺了，遠方出現陸地，公牛走到一棵大樹下，當歐羅巴從牛背上滑下來後，那頭公牛消失，出現在她眼前的，是個俊美如天神的男子。

「我是克里特島的主人，如果妳願意嫁給我，我可以保護妳。」那男子說。

歐羅巴舉目四望，什麼人也見不到，她害怕驚恐，卻也為那男子的氣概給吸引，於是，她點點頭，答應了他的要求，成了他的新娘。

那真是奇幻的夜晚，一切都像一場夢，但是看看四周，卻又是真實得讓人擔心。

歐羅巴終於確定，這一切都是真的，她被一頭公牛帶離家鄉。

她一想到再也不能回家了，只能悲痛的叫著，望著家鄉的方向痛哭。

突然，她背後傳來一陣低低的笑聲，她驚訝的回過頭去，背後站了兩個人，那是女神愛芙羅黛蒂和她的兒子厄洛斯。

愛芙羅黛蒂告訴她：「當年，是我在妳夢裡說話，帶妳來的男人，正是萬神之王宙斯呀。」

「宙斯？」

「妳現在成了他的新娘，妳的名字將被人永遠記住。」

「這……」歐羅巴愣住了，她能怎麼辦呢？她只好相信自己的命運真的像預言一樣發生了。她後來跟宙斯生了三個強大而睿智的兒子，他們是彌諾斯、拉達曼提斯和薩耳珀冬。

彌諾斯和拉達曼提斯長大後成為冥界判官。薩耳珀冬是一位大英雄，當了小亞細亞呂喀亞王國的國王。

公牛帶她到達的地方，後來以她的名字來命名，那就是今天的歐洲——歐羅巴。

卡德摩斯打敗惡龍

自從女兒歐羅巴被宙斯騙走後，腓尼基國王茶不思飯不想，他還喚來四個王子，命令道：「去找你們的妹妹，如果找不到你們也別回來了。」

卡德摩斯是其中一位王子。他和兄弟們分開，朝著不同的方向尋找妹妹的下落。

茫茫人海，從哪兒找起呢？

再說了，歐羅巴是被宙斯拐走了，怎麼可能找得到呢？

卡德摩斯王子無奈之下，只好到神殿問問太陽神。

阿波羅給他一個神諭：「你妹妹是找不回來了，但你將會遇到一頭牛，跟著牠走，當牠躺在草地上休息時，那裡就是你建立自己城堡的地方。」

跟著一頭牛，建立自己的城堡？這是什麼奇怪的神諭呀？

王子搖搖頭，走出神殿，神奇的是，神殿外優美如畫的草地上，真的有頭壯碩的母牛，雙角彎曲如新月，毛色潔白柔軟如雪。

「謝謝你，偉大的阿波羅。」卡德摩斯王子朝著天空，深深的鞠了個躬，帶著隨從，跟著母牛展開這段神奇的旅程。

母牛在前面不停的走，旅途似乎沒有終點，他們渡過無數河流，經過數不清的山峰，最後來到一座山谷，母牛終於停下來，回頭望著卡德摩斯王子。

「那……就是這兒？」王子問。

母牛哞了一聲，躺了下來。

這是個好地方，有古老的森林，有潔淨的空氣，在這兒建立自己的城堡，真是再好也不過了。

為了建城，隨從們四處去探勘。

那座古老的森林從沒被樵夫的斧頭砍伐過，森林裡還有一股泉水，水質清冽，味道甘甜，真像是上天賞給卡德摩斯王子的禮物。

大家為長途跋涉告一段落而歡呼時，他們的歡笑聲驚動了森林裡的惡龍。

這是一條和山一樣高的龍，它的雙眼閃著紅光，嘴裡有三排利齒，每根牙齒都有白森森的光芒，惡龍吼了一聲，嚇得隨從們渾身發抖。

「逃？」

「不逃？」

他們嚇傻了，竟然忘了逃，惡龍朝他們又咬又撕，僥倖沒被咬到的人，也被惡龍的毒液給毒死了。

森林外，卡德摩斯王子還在等待。「為什麼大家還不回來？」

太陽快下山了，森林變得更加陰暗了，他忍不住，決定去找大家。

卡德摩斯披上獅皮，拿著武器，小心翼翼的進入森林，在昏暗的光線中，他先發現隨從們的屍體，再發現那條惡龍。

惡龍正惡狠狠的盯著他，隨時準備撲過來。

「我可憐的朋友呀，我一定要為你們復仇。」

卡德摩斯王子抓起大石頭擲向惡龍。

王子力大無窮，那顆巨石如果打在城牆上，一定能把牆打穿的，可是惡龍身上有厚皮和鱗片，巨石奈何不了牠。

「那就看看我的矛！」卡德摩斯王子奮力擲出長矛，咻的一聲，矛刺進惡龍的身體。

惡龍回頭咬下長矛，但是矛尖還留在牠的體內，惡龍痛苦的吼了一聲，牠憤怒的朝著卡德摩斯王子噴出毒液。

幸好，卡德摩斯王子身上披了獅皮，他用獅皮裹住身體，繼續把手裡的標槍刺向惡龍，惡龍張嘴咬住標槍，卡德摩斯王子抓著標槍用力一攪，惡龍滿嘴的牙齒全掉了下來，卡德摩斯王子趁這機會，拔出腰間的寶劍刺進惡龍的脖子。

唰！

王子終於制服了這條作惡多端的巨龍。

森林裡安靜了，卡德摩斯王子撿起武器，他正想離開時，雅典娜女神不知道什麼時候竟然出現在他面前。「卡德摩斯，你把龍的牙齒埋進泥土吧，這是你們未來族人的種子。」

龍牙是族人？這是什麼奇怪的指示呢？

卡德摩斯王子是虔誠的人，他聽從雅典娜的指示，先在地上挖條深溝，接著把龍牙埋進去。

神奇的事情發生了，種了龍牙的土壤開始騷動，漸漸的整片森林開始晃動，接著，泥土裡爬出一個個全副武裝的武士。

卡德摩斯王子吃了一驚，他急忙擺好戰鬥姿勢，然而一個武士對他喊著：

「這位朋友，這是我們兄弟間的戰爭。」那武士一邊說，一邊拔劍朝其他人揮去。

森林裡充斥著武器撞擊聲與人們廝殺時的叫喊聲。

夜暮低垂，黑漆漆的，卡德摩王子什麼也看不見，只聽到武士的怒吼，刀劍的砍削劈刺……

月亮終於出來了，銀白的月光普照大地，森林裡也只剩下五個武士，他們互相怒視，正要拔刀相向……

雅典娜從空中而降，她制止大家：「別再打了，從今以後，你們都要聽從王子的命令，幫他建立起自己的城市。」

卡德摩斯王子很開心，和龍牙武士成了好友，果然在母牛躺下來的山谷，建立了屬於自己的忒拜城。

故事的尾聲是：

卡德摩斯後來娶了美嬌娘，生下一個可愛的小公主——瑟美莉。

萬能的天神宙斯又愛上了瑟美莉，就像當年宙斯愛上她的姑姑歐羅巴一樣。

「我以守誓河發誓，妳想要什麼，我都能滿足妳的。」宙斯為了追求她，什麼願望都肯給。

瑟美莉的要求很小。「既然你是天神，請你顯露一下真面目讓我看看。」

宙斯不肯答應。「我是天神，我真正的樣子凡人是不能看的。」

「你說你喜歡我，我只有這麼一個小小的要求……」瑟美莉不斷的哀求，宙斯因為用守誓河發過誓，他不能食言，於是顯露出自己的樣貌，閃耀著巨大明亮光芒的天神真面目，被熊熊的大火包圍著，而瑟美莉畢竟是凡人，便被這大火燒死了。她臨死前給宙斯生下一個兒子，也就是酒神戴奧尼索斯。

至於酒神的故事……嗯，我們留到下一章來講吧。

神話大人物

荷米斯 擁有眾多情人的宙斯，也有眾多子女，荷米斯是其中一位，所有故事中出場次數最多的很可能就是他。荷米斯的腳上長有雙翼，可以快速往返兩地，他經常擔任宙斯和諸神傳達命令的使者，也為諸神傳送消息，尤其對父親宙斯忠心耿耿。

荷米斯經常下凡去助人，他還負責引領死者進入冥界。工作繁重的他其實多才多藝，希臘人認為是他發明了鑽木取火和七弦琴等等。

第11課

酒神戴奧尼索斯

宙斯和人類公主瑟美莉所生的兒子，
為什麼一生下來母親就去世了？
「戴奧尼索斯」這個名字是否有特別的含意？
酒喝多了，會不會發生什麼憾事呢？

酒神的出生

前一篇故事提到的瑟美莉是忒拜公主，她長得美麗非凡，連萬神之王宙斯都知道她的美。

宙斯一知道，不得了了，他馬上下凡來追求公主，不久，公主肚子就有了孩子。

這件事瞞不過天后赫拉。赫拉最討厭丈夫捻花惹草，那些宙斯追求的女子，她全視作狐狸精，所以她下凡搖身一變，變成公主的保姆。這保姆什麼都不會，只會在公主耳朵邊說：「妳看過妳的情人嗎？他口口聲聲自己說是天神，妳就相信了？妳一定要看看他的廬山真面目。」

「如果他不肯呢？」天真的瑟美莉公主問。

「除非他對妳的愛是假的，不然，他一定答應。」邪惡的保姆就這樣把公主推上了命運的懸崖。

如同前一篇故事的情節，不知情的宙斯來了，瑟美莉也開口問了那個問題。

她不過想看看情人的真面目。

而他不過是答應了她，「願意為她做任何事」。

於是悲劇就發生了。

宙斯萬般無奈，現出天神的真面目。

然後，眼睜睜看著瑟美莉死在烈焰之下。

熊熊烈火中，宙斯救出瑟美莉肚子裡的孩子。

這是個早產兒，在媽媽肚子裡還不到十個月，宙斯就把他縫在自己的大腿裡，直到他待足十個月，才把他取出來。因為他先待在媽媽肚子，後來又待過宙斯大腿裡，就替他取名為戴奧尼索斯，在希臘語裡，這個名字有「出生兩次的人」的意思。

等他出生後，宙斯就送他去尼莎山谷，請當地的仙女照顧他。

尼莎山谷是世界上最優美的山谷，還沒有凡人去過那裡，這個孩子就在尼莎山谷快樂的成長。

不過，戴奧尼索斯成年之後，天后赫拉仍然不放過他，逼著他在大地上流浪，在流浪過程中，他教會農民釀酒，因此成為酒神，他是古希臘農民最喜歡的天神之一，每年以酒神祭祀來紀念他呢。

惹錯人的彭透斯

酒神四處流浪，教人們種植葡萄，傳授神祕的釀酒技術，大家都喜歡他，成群結隊跟他去流浪。

有一天他到了海邊，遇到一群海盜。

海盜們沒見過這麼英俊、尊貴的年輕人，他們看到戴奧尼索斯的穿著，認為他一定是個王子，父母絕對付得起高額的贖金，於是興高采烈的衝上岸，把他帶回船上，想用繩索把他捆起來。

說也奇怪，不管海盜怎麼綁他，打好的繩結自己會解開，捆了一百圈的繩子會自動掉下來，而戴奧尼索斯笑咪咪的看著他們，彷彿在看著什麼有趣的事呢。

一個有經驗的老水手喊著：「天哪，你們惹到不該惹的人了，他是尊貴的天神，你們骯髒的手，快放過他呀。」

船長譏笑他：「你是喝酒喝昏頭了嗎？起帆，出發啦！」

揚起帆，強風灌滿了帆布，船員划起木槳，奇怪的是，風那麼大，大家也很用力的划，船卻動也不動。

船上，不知從哪裡溢出了葡萄酒，酒香四溢，一株株葡萄從船的四面八方長上來，沿著船桅往上挺進，船舷邊開滿各種綠色的植物，它們都開出各色的小花，看到這情形，所有的人都嚇壞了。

船長命令大家回航，但是太遲了，那個客氣的年輕人，突然變成一頭猛獅，口中狂吼，目露凶光，船員們嚇得跳進海裡，撲通撲通，這些海盜一碰到水，立刻變成海豚。

只有那位老水手，酒神對他特別禮遇，讓他平安上了岸，因為他懂得尊敬神。

戴奧尼索斯繼續走，跟著他的人越來越多，他的信徒大多是女性，她們像是喝多了酒，一路唱唱跳跳，跑得像風一樣快，卻又力大無窮，遇到野獸，她們就把野獸撕成碎片，直接吃掉。

酒神帶著這群信徒，走回他媽媽的家鄉底比斯。

那時的底比斯王是他的表弟彭透斯。

表兄弟見面，應該一團和氣，彭透斯卻被酒神信徒的行為給激怒了，他命人把他們抓起來，關進牢裡。

「尤其是那個滿身酒氣帶頭的年輕人。」彭透斯大吼著。

底比斯的盲人先知警告他：「你想抓的人，是你阿姨和宙斯的孩子，他是你的表哥，和農業女神狄蜜特一樣，他是天神哪。」

於是，彭透斯開始尊敬酒神了？

不，他凶惡的推開老先知，命人把戴奧尼索斯帶來。

士兵們回報，說戴奧尼索斯很客氣，很配合，倒是那些抓來的女子，手銬腳鐐一套上去就自己掉下來，把她們關進牢裡，門又自己打開。信徒們異口同聲對國王說：「這人來了底比斯後，我們看見很多神奇的事……」

彭透斯滿腦子只有憤怒和鄙視，他什麼也看不見，他驕傲的對戴奧尼索斯說話，戴奧尼索斯卻勸他：「你抓不住我，因為神會釋放我。」

「神？」

「是的，神就在你面前。」

「在我眼前，沒有神，只有一個酒鬼。」

「你看不見，是因為你的信仰不夠堅定。」

彭透斯氣壞了，要人把他關起來，牢房當然關不住戴奧尼索斯，他走出牢房，再去勸彭透斯，然而彭透斯只是對他瘋狂叫罵。

唉，戴奧尼索斯嘆口氣，帶著自己的信徒走了。

他走時，底比斯很多女人也跟著走了，包括彭透斯的太太與母親。

彭透斯氣極敗壞，親自帶人去追捕。好不容易，他們追到酒神，彭透斯都還沒開口說話呢，那些女子卻像發了瘋般，朝著彭透斯衝過來，把彭透斯看成一頭野獸，這些女人瘋狂的咬他抓他啃他，最瘋狂最凶狠的則是彭透斯的母親。

「母親，太太，我是彭……」彭透斯直到這時才發現大事不妙，但是來不及了，彭透斯被這群女人撕裂，天空布滿烏雲，草地濺滿鮮血，這群女人清醒過來後，她們看看一地的凌亂，再也不跳舞、不唱歌，悲傷的坐在地上，嗚嗚嗚的像個孩子般哭了起來。

哭得最傷心的，是彭透斯的母親。

酒神和驢耳朵國王的故事

酒喝多了會不會發生什麼意外呢？

有一天，彌達斯國王接待了一位嘉賓。

嘉賓喝得醉茫茫，被幾個農夫發現了，他們向國王報告：「這人叫做西勒諾斯，是酒神的好朋友。」

既是酒神的好朋友，彌達斯國王不敢怠慢，天天給他最好的食物，最醇的美酒，整整和他暢談了十天十夜。

第十一天，酒神戴奧尼索斯來了。

為了感謝國王對自己朋友的招待，酒神戴奧尼索斯說道：「我送你一個願望，不管你想要什麼，都能讓你心想事成。」

「太好了。」彌達斯想也沒想便開口說：「我從以前就很想要一種力量，所有被我碰過的東西，都能變成閃閃發光的金子。」

酒神嘆了口氣說：「你這個要求實在太荒唐，但是我已經答應過你，神是不能食言的。沒問題，你將擁有點石成金的力量。」

彌達斯國王好開心，酒神只彈了彈手指，他立刻覺得渾身上下充滿了力量。

他迫不及待想試試，隨手從橡樹上折一根樹枝，啊，那根樹枝變成純金了。

「太棒了，太棒了。」欣喜若狂的彌達斯又拾起一顆石頭，瞧，他現在手中就有了一顆金石頭。

那天，回家的路上，彌達斯國王像個好奇心十足的孩子，他經過的每樣東西，他都要伸手碰碰。

他輕撫農田裡的小麥，小麥馬上變成真正的黃金小麥。

碰碰果園的蘋果，一顆顆金蘋果就從樹上掉下來。

滿心歡喜的國王回到皇宮，他的手指拉著門把，門把連著大門也成了金子；他想洗洗手，哈哈，水再也流不動了，因為它們全成了不折不扣的黃金。

彌達斯國王好開心。「來人呀，快快快，我今天餓壞了，快把最好的食物拿上來，我等一下還要繼續變出黃金來。」

僕人送上一桌美味佳餚，彌達斯拿起麵包，麵包變得沉甸甸，它們都變成金子了嘛；他想吃烤肉，烤肉被他一摸，金烤肉在嘴裡嘎吱作響，根本咬不動。

「爸爸，你怎麼了？」國王的女兒跑過來，彌達斯一碰上她，她也變成了一尊天真活潑可愛的黃金雕像。

這會兒，彌達斯後悔也來不及了，他大聲咒罵自己的愚蠢，絕望的扯著頭髮……啊，慘了，頭髮馬上成了一根一根的金絲。

彌達斯萬分驚恐的向上天祈求：「神啊，請

寬恕我的無知吧！」

酒神聽了他的祈禱，現身在他面前：「人不可以貪婪，你去取派克托羅斯清泉，將頭髮用泉水洗三次，就能洗淨罪孽。」

彌達斯按照酒神的指令去做，點石成金的魔法果然消失了，不過，魔法的威力實在太大，派克托羅斯清泉從此身價非凡，直到今天，都還能找到閃閃發光的金沙呢！

彌達斯不貪財了。

他愛上在田野裡散步，從森林到山谷，都可以見到他的蹤影。

有一天，他散步時，被一陣優美的音樂給吸引了。

那是牧神潘和太陽神阿波羅，他倆正在比賽誰是最好的演奏家。他們請來眾神當觀眾，老山神當裁判。

彌達斯好開心，他偷偷躲在一旁，捨不得離去。

牧神潘先上場，他的樂器是牧笛，吹出來的曲子太好聽了，滿空的白雲都在跳舞。

阿波羅笑一笑，拿出七弦琴，他彈的音樂優美，使得河水歡暢，微風在諸神身邊旋轉。

老山神判定：「牧神潘的音樂好聽，但阿波羅的琴聲更好，我認為這場比賽，由阿波羅獲勝……」

「怎麼可能呢？明明牧神潘的音樂比較優美，你這老頭……」彌達斯激動到忘了掩藏自己，他竟然闖進會場中央，大聲的抗議。

「真的呀，你的耳朵真覺得我彈得不好呀？」阿波羅微笑著走向他，「或許是你的耳朵不夠長才聽不清楚。」

阿波羅輕輕的在彌達斯的耳朵上一拉，彌達斯的耳朵立刻被拉長了，長得就像驢子的耳朵一樣。

「我……我……」

彌達斯羞愧極了，他連忙用頭巾遮住耳朵，低頭跑回宮中。

國王有個驢耳朵，可不能讓人知道這祕密，世上除了國王的家人之外，唯一知道的人就是他的理髮師。

理髮師很痛苦，他不能說出去，說不出口的祕密卻日日夜夜在他耳邊響著。

後來，理髮師想出好方法，既能說出祕密，又不怕被人發現。

他趁黑夜跑到河邊，挖了一個小洞，對著它喊道：

「彌達斯國王有兩隻驢耳朵。」

「彌達斯國王有兩隻驢耳朵。」

喊完了，理髮師覺得神清氣爽，啊，祕密說出口，心裡好平靜，於是安心回家睡覺去。

然而那個被土埋住的小洞，沒多久就長出一叢蘆葦，它們迎風招展，一個晚上長成三尺高，微風吹來，蘆葦沙沙作響，彼此小聲說著：

「彌達斯國王有兩隻驢耳朵。」

「彌達斯國王有兩隻驢耳朵。」

細細切切的聲音，從河邊傳到鄉間，從鄉間傳回了城裡，不久，這個祕密就全國皆知啦。

神話大人物

戴奧尼索斯 植物之神，也是葡萄種植業和釀酒的保護神。古希臘各地有許多與酒相關的祭祀儀式，都是和戴奧尼索斯有關。在羅馬神話裡，他又叫做巴克斯，他擁有葡萄酒醉人的力量，散播歡樂、慈愛、創造力，帶領人們找回自然天性，很受希臘人的歡迎。

第12課

挑釁眾神的
薛西佛斯家族

奧林匹斯山上諸神權威不容挑戰，
然而還是有人敢欺騙天神、藐視天神。
這樣的人最後會有什麼下場呢？

薛西佛斯足智多謀，他是科林斯的國王。

有一次，河神的女兒不見了。河神急著在天地間尋找，找來找去找不到，最後來到了科林斯。

薛西佛斯知道他女兒的下落，但是有條件。「想知道詳情，你必須送我們一條四季如春，永不結冰的河流。」

河神答應他，薛西佛斯這才低聲的說：「你女兒被宙斯抓走了。」

「天哪天哪，難怪我找不到。」河神聽了，怒氣沖沖的去向宙斯要人。

薛西佛斯很得意，他幫科林斯城要到一條終年潺潺的大河，大家都很感謝他。

這真是太划算了。

然而，宙斯很快發現這個洩密者，他要死神押著薛西佛斯去地獄。

「行行行，」薛西佛斯對死神說：「稍等一下，讓我跟太太道個別。」

死神通情達理，決定給他說一句話的時間。

薛西佛斯告訴太太：「我死了之後，不要埋葬我的屍體。」

這是什麼奇怪的遺言呀？王后雖然一肚子疑問，但是薛西佛斯既然吩咐了，她也只好照著做。

薛西佛斯跟著死神來到地獄，冥后波瑟芬妮接待他。

「我來得太匆忙，王后還沒埋葬我呢，一個沒被埋葬的人沒有資格待在冥界。」薛西佛斯對冥后說：「請給我三天時間，我好回家處理後事。」

冥后想想有道理，就答應了他。

薛西佛斯回到人間，看著美麗的大地，享受溫暖的陽光，他想回地獄嗎？

當然不想呀。

這個聰明的國王，竟然用計綁架死神。

這大概是有史以來最荒唐的事。

死神被綁架了。

沒有死神，沒有人會死掉，大家都好開心，人越活越長壽。

宙斯發現這件事，他好生氣，這回他不打算讓薛西佛斯回地獄，而是罰薛西佛斯每天把一塊沉重的大石頭推到山頂。

從早到晚，好不容易，巨石推到山頂，當他以為任務結束時，這顆巨石就會順著山坡滾下去。

隔天一早，薛西佛斯必須重新推動石頭，再次爬上山去。

一天又一天，沒完沒了，沒有希望，這就是宙斯要讓人類了解，欺騙眾神的下場。

闖闖難過闖闖過的貝勒洛豐

薛西佛斯有個孫子，他叫做貝勒洛豐。

貝勒洛豐因為過失殺了人，逃到了提任斯。提任斯的國王普洛托斯熱情接待他，並且赦免了他的罪行。

貝勒洛豐身材魁梧，儀表堂堂。倒楣的是，王后對他一見鍾情，企圖引誘他。

心地善良的貝勒洛豐，為人高尚，對她的挑逗毫不動心。

王后由愛生恨，竟對國王說：「如果你不想受羞辱，敗壞自己的名譽，應該殺死貝勒洛豐，因為他不老實，企圖引誘我，讓我背叛對你的愛情。」

這真是做賊的喊捉賊了。

國王耳根子軟，信她的話，只是他心裡很猶豫。

他一方面恨貝勒洛豐。

一方面卻又對他十分賞識，不忍心殺害他。

國王想了想，想到一個主意，他派貝勒洛豐帶一封信交給他的岳父呂喀亞國王。

信裡交代，呂喀亞國王見了信，務必殺了送信的使者。

貝勒洛豐毫不知情，他匆匆的出發。幸好，諸神知道真相，他們一路保護他。幫他渡過大海，穿過河流，來到呂喀亞。

呂喀亞國王是一位熱情的君主。他設宴招待貝勒洛豐，沒問他是誰，也沒問他打哪裡來，因為貝勒洛豐高貴的舉止，早已表明他不是一個尋常的客人。

國王連續招待他十天，天天都像過節似的宴請他。

第十一天，國王問起客人的身世和來意，貝勒洛豐這才告訴他，自己是從普洛托斯國王那裡來，並且呈上國王交代的信。

呂喀亞國王看完信，遲疑了一下，他實在喜歡眼前這位客人，可是又想到，若不是有重大原因，女婿不會要求處死貝勒洛豐呀。

該怎麼辦呢？

這些國王的想法都很奇怪，他們都不願自己當殺人凶手，都把殺人的責任推給別人。

所以，呂喀亞國王決定，派給貝勒洛豐一項必死的任務。

在他們國度，有個可怕的怪物喀邁拉。

喀邁拉長得夠可怕的了，牠的上半身是獅子，下半身是惡龍，中間像山羊，口中噴出火焰，烈焰騰騰。

天上諸神都可憐貝勒洛豐，便派飛馬佩格索斯去協助他。

佩格索斯是知名女妖梅杜莎死後流出來的血化身而成的，速度如風，飛行永不知疲倦。

可是，這匹飛馬從沒讓人騎過，十分狂野，怎麼馴服牠呢？

眾神的禮物也讓貝勒洛豐傷透腦筋，他累了一天，馬還是不願聽他的話。

那天晚上，他累得倒頭就睡。

夢裡，他的保護神雅典娜來了。雅典娜交給他一副金轡頭。「你只要給海神波塞頓獻祭一頭公牛，就可以使用這副轡頭！」

貝勒洛豐醒來後，手上真有一副金光閃閃的轡頭。

於是，他殺了一頭公牛祭祀波塞頓後，果然毫不費力的成功馴服了雙翼飛馬。他把轡頭套在馬頭上，穿上盔甲，騎馬騰空而行，彎弓搭箭，射死了怪物喀邁拉。

國王一計不成一計又起，這一次，他派貝勒洛豐去攻打索呂默人。索呂默人驍勇好戰，居住在呂喀亞邊境。

出乎國王的意料，貝勒洛豐又在艱苦的戰鬥中取得了勝利。

後來，國王要他去跟亞馬遜人作戰，他也安然無恙的回來。回來的路上，國王不死心，派軍隊埋伏襲擊他，可是貝勒洛豐駕著飛馬，還是把他的軍隊全部消滅了。

這會兒，國王終於明白，貝勒洛豐是諸神的寵兒，誰也得罪不起，於是把他接到宮中，和他分享王位，還把女兒嫁給他。

貝勒洛豐娶了公主，生活十分美滿。

或許因為生活太過平順，他漸漸驕傲起來。他因為擁有飛馬，有天竟幻想著騎馬到奧林匹斯山參加諸神聚會。

出發那天，天氣晴朗。

飛馬幾個蹤跳，就跳上了雲端，然而貝勒洛豐還不滿意，猛催著牠：「上去、上去！我們要飛向奧林匹斯山！」

飛馬嘶鳴一聲，牠不願聽從指揮，竟在天空直立起來，貝勒洛豐就從高空墜落地面。

貝勒洛豐沒有摔死，卻因此遭到眾神拋棄。他到處流浪，羞於見人，一直躲躲藏藏，隱居在沒有人煙的地方，孤單的度過餘生。

神話大人物

薛西佛斯　希臘神話中，薛西佛斯是一位聰明的國王，但由於他用計欺騙了神，於是被判定必須受無止盡的折磨與懲罰。他必須每天將一塊巨石推上山頂，然而等他好不容易推上去了，巨石又會自動滾回山下。這種周而復始、永無休止、徒勞無功的懲罰，被形容為「薛西佛斯式的任務」。

第13課

老太陽神
赫利奧斯

除了阿波羅之外，希臘神話裡還有另一個老太陽神？

老太陽神為什麼會退休？

退休後去了哪裡？

據說，他曾經讓人試駕他的太陽金馬車，後來發生了什麼事？

阿波羅之前，還有一位老太陽神……

赫利奧斯是希臘神話裡的太陽神。他英俊高大，每天駕著黃金馬車躍過天際，給世界帶來了溫暖與光明。

讀到這兒，你一定會覺得很奇怪，太陽神不是阿波羅嗎？

其實在宙斯與泰坦眾神大戰後，宙斯獲勝了，他開始分封眾神，派波塞頓去管大海，黑帝斯當冥王。

阿波羅立了不少汗馬功勞，他向宙斯說：「讓我來管太陽，駕駛黃金馬車吧。」

當時是白天，宙神一時迷糊，忘了太陽神赫利奧斯正在天上執行任務，就把這職位交給了阿波羅。

等赫利奧斯回來之後該怎麼辦呢？

錯誤都造成了，宙斯為了補償他，就把愛琴海上美麗的羅得島賜給他。從此，人們就把赫利奧斯稱為「老太陽神」，用來與阿波羅做區分。

赫利奧斯因為長得帥，老婆和情人都很多，例如海洋女神珂莉媞兒就和他談過戀愛，只是這場戀情沒有維持多久，赫利奧斯又愛上了波斯公主。公主住在皇宮，平凡百姓見不到，但太陽神在空中，每個角落都照得一清二楚，他施展易容術，搖身一變化身公主的母親，大剌剌進入公主屋裡。

假母后進了宮，嫌宮女們太礙眼，命令她們退出，只留下自己和公主在屋裡。等到四下無人，天神便公開自己身分，露出太陽神耀眼的金光，公主就愛上了他。

前任情人珂莉媞兒好生氣，她到處去講公主的壞話，說公主跟不知名的男子約會。公主的父親是個殘暴不仁的國王，他知道這件事之後，憤怒的派手下挖個坑，親手活埋了公主。

哇，太陽神在空中親眼見到這悲劇，等他趕來，一切卻已來不及了。悲憤的太陽神赫利奧斯，只能在公主墳前灑上永生香水：「我一定會讓妳升天的。」

永生香水滲透土壤，墳頭立刻冒出嫩芽，瞬間長成乳香樹，永遠帶著清香。

太陽神沒了情人，他也不回去找珂莉媞兒。但是珂莉媞兒照樣愛太陽神，她坐在地上，痴迷的望著太陽，由東向西。一天又一天，經過了九天九夜之後，她的手腳伸進土裡，變成了根；她美麗的臉龐，則在不知不覺中變成了金黃色的花。

這朵金黃燦爛的花，就是向日葵，直到現在，它們仍永遠追隨太陽轉動不已呢。

費伊登的要求

太陽神在人間有很多情人，她們為他生了許多孩子。

費伊登就是其中之一。

有一年的冬天，烏雲籠罩，冷風咻咻，費伊登的心情不太好。

同伴們取笑他的聲浪，在他的耳邊繞呀繞：

「吹吧，你盡量吹牛吧，說什麼你爸爸是太陽神？」

「你明明就是個私生子，誰不知道呀？」

費伊登忍不住握緊拳頭。「真的，母親說過，我的父親是太陽神。」

他的話，引來更多嘲諷。

「好啊，拿出證明呀。」

「讓我們見識見識你那無窮的威力呀！太陽神之子。」

「請用你的熱量，讓……讓我們溫暖一下吧。」

費伊登跑出來，淚水在眼眶裡打轉。

明明，母親告訴他，當年太陽神是如何追求她；明明，母親說過，父親是天上的太陽神。

「我一定會找到證據的。」

最好的證明就是找到太陽神，只要找到他……

太陽神的神殿在高山之顛，最接近天空的地方。

費伊登不怕辛苦，他跋山涉水，走了幾個月，終於到了。

神殿沐浴在金光裡，金燦燦的屋頂，晶瑩的寶石牆面，象牙與白銀搭起的階梯，這裡永遠是正午，別說黑夜，連黃昏也不會降臨。

費伊登踏上神殿，推開大門，進入大廳，光明璀璨的太陽神坐在王座上，慈藹的望著他。

「我……我……」費伊登練習了千百次的話，終於到了這兒，卻有點遲疑。

萬能的太陽神知道他的心思：「孩子，你的母親沒騙你，我也不需要隱瞞，我是你的父親。說吧，不管你想要什麼東西，我以守誓河做見證，我一定會答應你，滿足你，讓你回到人間，抬頭挺胸，驕傲的當神之子。」

「我……我……」費伊登欲言又止的純真模樣，太陽神更喜歡他了。一個凡人，會要什麼呢？黃金屋？寶石項鍊？對太陽神來說，那都是彈彈手指頭就能辦到的事。

費伊登從前只能仰望蒼穹，看著太陽神駕馬車飛越天空，那是多驕傲的事呀，而現在……他大叫：「我決定了！父親，我想駕著您的馬車，代替您越過天際。」

「替我駕駛馬車？」太陽神立刻知道自己做了一件天大的蠢事，他為什麼要輕易給出一個致命的承諾呀？

「孩子，這是我唯一不願意給你的東西，我雖然已經對守誓河發了誓，聽我的話，你不是神，你可以反悔的，改要別的東西吧，你想不想要一座黃金打造的城堡？或是一個永遠年輕的生命？孩子，我可以給你全世界，那都沒問題，但是你能不能收回你的願望，別妄想駕駛我的馬車。我的馬車，別說你，就算是奧林匹斯山上的眾神之王也無法駕馭的。」

費伊登不肯。「父親，請相信我，我是您的孩子，您有什麼好擔心的呢？」

太陽神嘆了一口氣，他彷彿聽見復仇女神的笑聲在遠方輕輕響起。

望著這個不知天高地厚的孩子，神殿的金光黯淡了一下，但太陽神瞬間從眼裡射出金光：「既然我以守誓河發過誓，當然要成全你的願望，孩子，好好享受你唯一也是最後一次的樂趣吧。」

費伊登沒有聽出太陽神話裡的沮喪，他的心思全放在那輛金馬車上：四匹神駒狂暴的噴氣跺腳，彷彿隨時都要衝出去。

太陽神想給他最後一次機會：「孩子你再考慮一下——」

費伊登卻毫不猶豫，大聲的說：

「我要駕著馬車，替你在天上跑一圈！」

太陽神的警告，費伊登當成耳邊風，他腦海裡只有一幅畫面：駕著馬車，威風凜凜飛過天空。

費伊登過分的樂觀，逼得太陽神讓步，再怎麼勸說都沒有用，而且，也沒有時間了，出發的時間到了。

神駒套上馬鞍，出發。

費伊登駕著馬車衝向天際，神駒的速度比風還要快，一下子就帶著他穿過澄明的大氣，登上高空。

有那麼一瞬間，費伊登覺得自己就是太陽神的化身了，然而，神奇感也就只有那麼一下，接下來，美好消逝得無影無蹤，馬車激烈的搖晃，車子高速狂飆，車子會解體嗎？

費伊登甚至覺得：控制車子的根本不是他，而是那四匹神駒。

神駒早早發現駕車的不是原主人：主人體重沒這麼輕，握著韁繩的手也太無力，既然主人不在，牠們便興奮的主宰馬車的命運。

「別……別……太快呀……」費伊登的求饒，有如一陣輕煙。

四匹神駒不理費伊登的哀求，牠們想去哪兒就去哪兒。先衝向天蠍星，差點兒把車子撞毀，一個急轉彎，馬車閃過天蠍，卻又差點兒撞上了天蟹座。

可憐的費伊登呢，他早已呈現半昏迷狀況……

神駒經過的地方，地面燃起熊熊大火，火勢一發不可收拾，沿著奧林匹斯山一路燒去，沿路的森林沸騰起來，泉水蒸發，尼羅河受不了這種熱度，它急忙藏起源頭，這一藏就藏到了現在。

大地炙烤得連地母也受不了了，她發出一陣怒吼，聲響直達奧林匹斯頂峰。

宙斯看到這可怕的景象，連忙拿出雷霆閃電，轟隆一陣聲響，將失控的馬車擊碎，順勢也把那四匹跑瘋了的神駒趕落大海。

費伊登渾身著火，從天上掉入凡間，河神接住他，幫他滅了火，水中仙女同情他年輕的生命消逝，細心的安葬了他。

太陽神的女兒們一起到墓前悼念他們的弟弟，思念如此真切，讓這些女兒全化成了白楊樹，從此，佇立在河畔邊，在他們親愛弟弟的墓前。

神話大人物

赫利奧斯 希臘神話中的老太陽神，在阿波羅之前是赫利奧斯負責駕駛金馬車，每天在天空中奔馳，從東到西，晨出夜沒，以溫暖光線照耀大地。在很多神話裡，人們常把他和阿波羅混為一談。

第14課

尋找金羊毛的浩瀚之旅

金羊毛是什麼珍奇的寶貝嗎？取得金羊毛可以獲得什麼好處呢？

希臘神話中堪稱最重要、牽涉最多天神與英雄的一次旅程，即將開始……

神奇的金羊毛

希臘國王阿塔瑪斯愛上年輕貌美的伊諾公主，便趕走了王后聶斐烈。王后遠離皇宮，心裡卻很擔心她的兩個孩子，尤其是長子弗瑞科索斯。因為王位繼承問題，他可能會遭後母謀害。

她的擔心沒錯，伊諾公主確實想讓自己的兒子接王位，密謀陷害弗瑞科索斯。伊諾公主的計畫如下：她先把種子烤了，再派人拿給農夫耕種。

那年春天，希臘農田一片荒蕪，因為烤熟的種子發不出芽。

「天神發怒了。」

「誰讓天神生氣了？」

人們湧進王宮，請國王拿主意。

國王也很害怕，他去神殿求神諭，祭司早已被伊諾收買，原來，解決歉收必須殺了弗瑞科索斯，田地就能長出莊稼。

大家都怕飢荒，他們逼國王執行神諭，可憐的弗瑞科索斯和姊姊被帶上神壇。

幸好，慈祥的王后雖然沒在孩子身邊，卻虔誠的向天祈求，祈禱奇蹟發生。奇蹟真的發生了。天神荷米斯派出一頭金羊，載著兩兄妹逃走了。

金羊飛在無垠大海時，或許太累了，姊姊赫蕾一不小心，從羊背上掉入大海，從此失去蹤跡。

後來，人們為了紀念她，就把那片海叫做赫蕾之海。

弗瑞科索斯王子最後平安的降落在科爾基斯。

科爾基斯人天性殘忍好鬥，這回，他們卻很熱情接納弗瑞科索斯。國王艾厄特斯甚至把公主嫁給他。

為了感謝眾神，弗瑞科索斯把金羊獻給宙斯，寶貴的金羊毛就送給艾厄特斯。

傳奇的亞果號

弗瑞科索斯有個叔叔，這叔叔也是國王。

倒楣的是，國王的王位被自己的侄子佩里阿斯奪去了。

還好，國王有先見之明，早早就把兒子傑森交給人馬喀戎教導。

喀戎是最早的英雄家教班的班導師，希臘神話中很多天神英雄都出自他的門下。

總而言之，小王子傑森跟著喀戎學了幾年，等他長大了，學得一身好本事，這就回鄉找佩里阿斯要王位。

佩里阿斯雖然當國王，卻時時提心吊膽，擔心有人來搶他的位子。

神諭要他小心少穿一隻鞋的人。

誰會只穿一隻鞋出門呢？

然而，佩里阿斯依然提心吊膽，沒事就瞧著地上，看看誰少穿了一隻鞋。

沒多久，城裡舉行祭典，有個人，只穿了一隻鞋也來看熱鬧，啊，那是傑森，

他因為好心背一位老婦人過河，弄丟了鞋。於是現在就只穿了一隻鞋。

「外鄉人，你為什麼來這裡？」佩里阿斯問。

傑森笑著說：「我是你的堂弟，你占據的一切都是我的，不過，我可以把羊群、牛群和土地讓給你，只是你要把我父王的王位還給我。」

他擔心的事果然發生了，佩里阿斯便說：「堂弟，王位當然要還給你，不過，我最近常夢見弗瑞科索斯，他請我找回金羊毛。雖然我應該自己去，但是我年紀大了，體力又不好，你能不能幫我拿回金羊毛，我一定把權杖和王位還給你。」

傑森喜歡冒險，他同意這個條件，還邀請希臘著名的英雄們來共襄盛舉。

這回來的全是赫赫有名的大英雄：海克力斯、阿基里斯的父親珀琉斯……

他們駕駛的亞果號，有五十枝大槳，帆具用一棵會說話的櫟樹製成，船板可以用來占卜，船體很輕，英雄們可以把它扛在肩上運走。

這是一趟充滿奇異的傳奇冒險，傑森一行人途經各式各樣的小島：

有的島只住女人。

有的島有可怕的妖怪。

這些英雄相互扶持與鼓勵，沿途遇到危險就一起克服。

六臂巨人

有一次，他們來到基奇科斯島，島上住了兩種人，一種是愛好和平的杜利奧人，另一邊是殘暴的六臂巨人。

杜利奧人是海神的子孫，海神保護他們不會受六臂巨人的迫害。這個島有個神諭，說是有一艘滿載英雄的船會來這裡，國王要好好接待他們。沒想到，真的來了一艘大船，船上全是希臘的大英雄。國王親自迎接他們，不但宰殺牲口，還送上美酒，慷慨招待亞果號英雄。

第二天清晨，亞果號的英雄全上了島，四處去看看。

突然，無數的六臂巨人出現在港口，他們的力氣大，搬動巨石封鎖港口。亞果號上只留下海克力斯，他不畏懼，持弓射箭，射死許多巨人。登島的英雄聽到聲響趕下山，他們武藝高強，不久就把巨人全趕跑了。

輕輕鬆鬆打敗了這麼可怕的敵人，大家都很開心，乘著輕快的海風，揚帆起航。船開了一整天。

晚上，海風轉了一百八十度，亞果號竟然被吹回了島上！

無月無星，原本平靜的海灘突然傳來吵雜的聲音。杜利奧納人被吵醒，他們誤以為海上來了敵人，連忙喚醒伙伴，提著武器就直接應戰。

這真是一場不幸的廝殺。

杜利奧納人多，卻擋不住亞果號英雄的刀劍，連國王都被長矛刺入胸膛。

直到陽光照亮沙灘，雙方才明白，彼此之間鬧了一場可怕的誤會。

前一天才把酒言歡，第二天卻成了慘事一樁。接連三天，亞果號英雄和杜利奧納人一起哀悼死者，第四天才再度出海遠航。

許拉斯不見了

這回，亞果號在俾斯尼亞海灣登陸。

這裡的人也很熱情友好，他們燃起熊熊的篝火，送上豐富的食物和美酒。

大家都很開心，卻沒看見海克力斯。原來，他嫌自己的船槳不好划，獨自進入森林，他想找棵大樹，用來削製好用的槳。

走了不久，他發現了一棵合適的樹。海克力斯雙手抱住樹幹，大喝一聲，把那棵樹連根拔起，拔出腰刀，製作船槳。

另一邊，海克力斯的朋友許拉斯也離開宴會，帶著鐵罐去取水。

那天晚上，月光清冷明亮，年輕的許拉斯在月光下，顯得更英俊了。

他的身影倒映在水中，水中的仙女，情不自禁愛上他，便趁許拉斯取水時，從水裡拉著他，將他拖入水中。

許拉斯的叫聲，驚動了海克力斯。

然而海克力斯趕到泉水邊，卻怎麼也找不到他。

他找了一圈又一圈，失魂落魄，忘了金羊毛的任務，也忘了亞果號。

亞果號也在等海克力斯，伙伴們等了他一天又一天，遲遲等不到他的消息，最後只好繼續前進。

他們還有機會再相見嗎？

遇上人鳥妖

亞果號又航行了三天三夜，第四天黎明，他們靠岸在一個臭哄哄的島上。

一個骨瘦如柴的老人，呼喊著他們：「請救救我，我過去也是一個國王。」

英雄們急忙送他豐盛的食物。「老先生，先吃點東西，我們再來……」話來沒說完，一群人鳥妖從空中撲下來，英雄們大聲吆喝，人鳥妖卻無動於衷，東邊趕走了，西邊又來，牠們叫著跳著，直到吃完那些食物，才飛上天空，留下一片令人無法忍受的惡臭。

「怎麼會這樣呀？」傑森問。

老人叫做菲紐斯，他長嘆一口氣，開始說起自己可悲的命運：阿波羅賜他預言未來的能力，然而他沒有好好珍惜，只想炫耀，四處向人洩露未來會發生的事。他的舉動惹惱了宙斯，宙斯懲罰他，每當他要吃飯時，就有人鳥妖來搶他的菜餚……

他說的沒錯，傑森送麵包上來時，那些怪物又來了。

這回，英雄們毫不客氣了，他們拔出劍，扯住人鳥妖的腳，把牠們拖下來，正要用劍砍斷牠們脖子時，一個全身泛著銀光的天神出現在他們面前。

那是宙斯的使者荷米斯。

「你們千萬別殺害宙斯的手下，我以守誓河向你們保證，人鳥妖再也不會折磨菲紐斯了，你們放了牠們，好嗎？」

聽了荷米斯的話，英雄們放了人鳥妖，這一晚，老人菲紐斯終於能安心吃飯了，他吃得又香又美，拍拍肚皮，免費送個預言給他們：

「你們再往前，就會碰到撞岩，撞岩之間潮水奔騰，浪花和山一樣高；它們會相互撞擊，稍一不慎，你們的船就會被撞沉。想通過它只有讓鴿子先試，只要鴿子飛得過去，你們就有機會通過。」

雖然撞岩很危險，亞果號的英雄也不畏懼，準備了鴿子，勇敢的把船划出去。

航行幾天，都是風平浪靜，他們還想是不是老預言家餓太久，餓得胡言亂語了？此時，空闊的海上突然傳來雷鳴巨響。

砰！

聲音一陣又一陣，隨著船前行，那聲音就越大。

砰！

驚天駭地的聲響，讓英雄們面面相覷。

「撞岩。」有人低聲說。

「撞岩到了。」

他們看到：海上出現兩座巨大如山的岩石，它們漂浮在海上，像門一樣守護著海峽，每隔一段時間，兩座岩石朝對方撞過去，每次碰撞都會激起滔天浪花，傳來轟然巨響。

不知道有多少船隻，被撞岩撞沉。

如果想向前進，就得冒著生命危險經過它。

傑森把鴿子放了出去。英雄們瞪大了雙眼，看著鴿子驚險穿過撞岩，又在千鈞一髮之際飛了回來。

傑森發現牠的尾羽被岩石夾到，掉了幾根羽毛，除此之外，一切都完好。

「太好了。」

「我們一定能穿過它的。」

英雄們發出一聲喝采，他們趁著巨岩分開之際，把船划過去。

海水先把船吸進去，巨浪排山倒海而來，眼看撞岩就要把他們夾住了，英雄們大喝一聲，奮力一划，當撞岩即將撞擊的那一剎那，通過這可怕的海峽。

奇怪的是，亞果號通過後，那兩塊巨岩就固定不動，不再撞擊其他船隻。亞果號只有船尾掉了幾塊裝飾板，就像鴿子掉了尾羽般。如果這麼可怕的關卡都能通過，還有什麼危險能打敗他們呢？這下子，他們對前方的旅途更有信心了。

離撞岩不遠，有個全是女戰士的國度——亞馬遜國。亞馬遜國是戰神阿瑞斯的後裔，她們生性好戰，只怕沒架好打。亞果號的英雄們如果登陸，絕對會跟亞馬遜女戰士大戰一場。幸好，一陣西風吹吹吹，亞果號被吹偏航向，剛好避開女戰士，少掉一場大戰。

西風繼續吹，他們被吹到了卡律貝爾王國。

這是個滿布濃煙的島嶼。卡律貝爾王國的人不耕種，不畜牧，他們在荒涼的山裡採掘鐵礦，用鐵礦與鄰國交換食物，終日在陰暗的地窖中艱苦的勞動，過著沒有歡樂的日子。

幾乎是個連陽光都不想造訪的國度呀。亞果號也不想停，他們划著船，向著遼闊的大海前進。

來到阿瑞島

亞果號到了阿瑞島。

阿瑞島上有怪鳥，翅膀搧旋風，還能射羽箭。

咻咻咻，珀琉斯的肩頭被羽箭射中了。

同伴們急忙拔出羽箭，幫他包紮傷口。

這邊還在混亂中，怪鳥繼續進攻，牠嘎嘎的叫著，羽箭凌厲如風。

英雄們彎弓射箭，一箭射下牠。這一下，不得了，阿瑞島上的怪鳥全飛來了。

怪鳥太多了，牠們的身影遮蔽了陽光，亞果號英雄一邊打仗，一邊要躲羽箭。射著射著，哎呀，船上的箭不夠了。

英雄們急忙戴頭盔，拿出長矛和盾牌，有人發現，這些鳥怕吵，只要拿矛撞擊盾牌，牠們就會嚇得飛回高空。

鏗鏗砰砰，鏗鏗砰砰，這方法真有效，這群可怕的怪鳥，全被嚇得飛向外海，不敢回來。

阿瑞島上，有幾個衣衫襤褸的年輕人。原來他們是弗瑞科索斯的兒子。

既然能找到他們，離金羊毛就不遠了。

大家都很開心，問他們怎麼會流落到荒島來。

弗瑞科索斯的長子說，父親留下遺囑，說是曾在某個小島藏有寶物，希望他們取回來。只是他們的運氣不佳，船被風浪吹翻，四個兄弟抱著船板漂流到這裡。

「加入我們的行列吧。」亞果號的英雄們說：「我們一起去取金羊毛。」

四個年輕人嚇得瞪大眼睛：「別開玩笑了，我們的外祖父艾厄特斯很殘酷，他是太陽神的兒子，具有非凡的力量，金羊毛還被巨龍看守著，怎麼拿得到？」

英雄們站起來說：「我們也是神祇的子孫，取回金羊毛是我們的使命！」

從阿瑞島出發，會先經過高加索山附近的海灣。

黃昏的時候，空中傳來一隻老鷹的叫聲，啊，他們突然想起來，那是去啄食普羅米修斯肝臟的蒼鷹。

蒼鷹翅膀大，每搧動一次，海上就會掀大風，捲大浪，亞果號跟著搖搖晃晃。

不久，山頂傳來普羅米修斯的呻吟聲，蒼鷹正在啄食他的肝臟。

等普羅米修斯的哀嚎消失，那隻蒼鷹已經完成使命了，當蒼鷹經過亞果號上空，船再度搖搖晃晃，好半天才停止。

他們知道，這是宙斯對普羅米修斯的懲罰，當年普羅米修斯為人類盜天火，宙斯罰他天天讓蒼鷹啄肝臟，這事他們都聽過，但是親眼目睹，還是很驚心動魄。

終於抵達科爾喀斯王國

科爾喀斯王國到了。

傑森與弗瑞科索斯的兒子們去找國王艾厄特斯，希望國王能把金羊毛給他們。

艾厄特斯的王宮十分雄偉。四周是石牆圍繞，高大的立柱護衛門口。

庭院裡有個大廣場，中間是常流不息的噴泉。

噴泉一共有四股，一股是牛奶，一股是葡萄酒，一股是香油，最後一股噴出冬暖夏涼的水。

艾厄特斯除了這四股神奇的噴泉，還有兩頭會噴火的銅牛，這全是火神赫菲斯托斯的作品。

當年太陽神與巨人大戰，赫菲斯托斯被巨人追擊，是太陽神救了他，讓他躲進黃金馬車裡。事後，赫菲斯托斯特別做了這些神物以表對太陽神的感謝。

艾厄特斯是太陽神的兒子，於是，噴泉和銅牛也就順理成章的變成他的了。

過了廣場，沿著長廊走，前面有個美麗如女神的公主——美狄亞。

美狄亞一見到他們，就驚叫了起來，原來她看見了跟在傑森後頭的兄弟們。她的叫聲，引來了王宮裡的人，連艾厄特斯和王后也來了。

「我的孩子！我的孩子！」王后好開心，忙著問四個外孫是怎麼回來的。

艾厄特斯揮揮手，廣場立刻歡騰了起來。僕人們分頭準備，有的宰殺公牛，有的劈木柴、生火，有的忙著燒水。

大家忙忙碌碌的時候，愛神厄洛斯趁機抽出一枝箭，箭尖瞄準美狄亞。

那箭一射出，美狄亞只覺得心口一陣灼痛，她抬頭發現了傑森。高大英挺的傑森，立刻讓她心裡充滿了甜蜜的愛意。她的心狂跳著，臉也紅通通的，只是大家太歡樂了，沒人發現美狄亞的心事。

佳餚美酒端上桌，傑森與大家一起享用美食，向國王說出他來這裡的目的。

國王勃然大怒。「騙子，什麼金羊毛，你們是來搶我的王位的。」

傑森溫和的說：「尊貴的國王，我真的只是來取金羊毛，如果你把它送給我，全希臘人都會稱讚你。」

國王不相信他。「外鄉人，你想拿金羊毛的話，明天早上，你到田裡來，用我那兩頭銅牛耕田，耕完再撒下龍牙種子。那些種子一落地，就會湧出無數個龍牙武士，你如果能在日落前把他們全部擊倒，我就讓你拿走金羊毛。」

傑森挺起胸膛：「為了金羊毛，我願意接受考驗，即使死了也不怕。」

他邁著堅定的步伐走出大門，傑森可沒注意到，在大廳另一邊，美狄亞正緊盯著他，彷彿靈魂也跟著他走了呢。

傑森說得很豪氣，但是怎麼打敗銅牛和龍牙武士呢？

幸好，那天深夜，美狄亞來了，她中了愛神的箭，不由自主的愛上傑森。

美狄亞有一種藥膏，是用黑樹根的汁製成的。這種樹種在高加索山上，它們日日吸食普羅米修斯肝臟滴入地裡的血。這藥膏有神奇的魔力。只要塗抹全身，就能擁有刀槍不入、得以戰勝任何敵人的力量。

她把藥膏給了傑森，還教他：「龍牙武士破土而出時，你別被他們凶惡的樣子嚇到，其實只要朝他們扔一塊大石頭，那些武士眼裡就只剩下那顆石頭，彼此殺伐，你乘機衝進去，就能輕易打敗他們。」她一邊說，一邊流著眼淚：「你回去以後，可不能忘記我。」

傑森拉著她的手：「高貴的公主，我一定會永遠記住妳。」

那一晚，夜空低垂，星光閃耀，美狄亞滿心歡喜，因為她找到了真愛。

第二天，國王給傑森一個裝滿龍牙種子的頭盔，放出銅牛。

哇，銅牛籠罩在煙霧中，雙眼發出紅光，鼻孔噴出火焰，一看見傑森立刻衝過來。

傑森不慌不忙，他將盾牌抵在地上，第一頭銅牛衝過來，牛角狠狠撞擊在盾牌上，傑森大喝一聲，不但擋住牠，還把牠逼退了幾步。那頭銅牛咆哮一陣，退後再衝過來，傑森看準機會，一把抓住牛角，將牠的頭壓在地上。他用相同的方法制服第二頭銅牛，把鐵犁套在牠們身上。

銅牛怒吼狂叫，卻掙脫不了傑森的控制。

這下可以耕田了。

傑森大喝一聲，用槍尖抵著暴怒的銅牛耕田。

銅牛往前走過，鐵犁犁出一條深溝，傑森立刻播下龍牙種子。

那些龍牙種子很神奇，它們一碰到土壤，地底便跳出一個全副武裝的巨人。

一個一個又一個。

巨人們手裡的長槍和盾牌閃耀著銀光，他們很憤怒，朝著傑森衝過來。

傑森早有準備，他把一塊石頭丟進巨人之間，這些巨人立刻像惡狗般互相殘殺，彷彿在爭搶什麼稀世珍寶般。

空氣裡，充滿了巨人殘暴與慘死的叫聲……

傑森贏得勝利，國王卻也因此知道，傑森打敗龍牙武士，全是美狄亞的協助。

美狄亞擔心父親責罵，她想來想去，決定逃走。

她念咒語打開宮殿大門，赤腳穿過窄小街道。到了城門口，她伸手一指，守衛便認不出她來，還自動開了城門讓她出去。

滿天星光，海邊有堆篝火，那是亞果號英雄們在慶祝。

美狄亞告訴大家：「我幫你們的事，我父王知道了，在他還沒追來之前，我們快去取金羊毛，我會催眠惡龍，你們乘機取下金羊毛。但是，我必須跟你們回去希臘，當我到了你們的故鄉，你們要保證維護我的尊嚴！」

傑森扶起她：「我請宙斯和赫拉作證，我會把你帶回故鄉！」

時間緊急，英雄們連夜划著亞果號到聖林。

漆黑的密林裡，有流動的金光，原來是金羊毛在一棵高大的櫟樹上發光。

「吼！」

密林裡，突然傳出一陣怒吼，嚇了眾人一跳。

那是一隻身軀龐大的惡龍，全身披滿堅硬鱗片，鼻孔噴出濃煙，張嘴吐出火焰。

「龍！」

「那是看守金羊毛的龍呀。」

亞果號的英雄們紛紛後退，拿出寶劍。

美狄亞要大家退下，她輕聲向睡神祈求，聲音比六月的葡萄還要甜美。

聽了美狄亞的聲音，恐怖的惡龍，猙獰的表情漸漸柔和，火焰和煙都在消逝中，牠在魔幻的催眠曲中，爪子收起來了，弓起的背放鬆了……

巨龍打個哈欠，伸個懶腰，睡著了。

鼾聲如雷，隆隆作響。

傑森連忙取下金羊毛，金光把林間小路照得通明，他們在天亮前回到亞果號。

英雄們奮力划動大船，它駛出河口時，第一道陽光才從高加索山射出來。

風疾船輕，亞果號走得很快，可是艾厄特斯的追兵更快，他們埋伏在島嶼和海灣裡，封鎖亞果號的歸路。

不管朝哪個方向，亞果號都逃不出他們的包圍圈。

帶兵的是王子阿布緒耳托斯，他是美狄亞的弟弟。他說：「你們可以帶走金羊毛，但是我姊姊必須跟我回國，她的命運由我父王決定。」

英雄們決定答應他，帶走金羊毛，讓美狄亞回家去。

美狄亞很生氣。「你們難道忘了誓言嗎？我背叛家人，幫你們取得金羊毛，你們應當保護我。」

傑森摟著她：「別擔心，我們目前打不過他們，先使緩兵之計，再想想有什麼方法能擊敗妳弟弟。」

美狄亞有計策。「傑森，你放心，我有方法。」

在美狄亞的策畫之下，亞果號英雄送給阿布緒耳托斯好多禮物。她還請使者告訴弟弟，她是被逼著上船的，請弟弟利用黑夜時前來，她會先把金羊毛偷走。

阿布緒耳托斯相信姊姊的話，在深夜時，一個人到亞果號來，沒想到，等著他的不是美狄亞，而是傑森的寶劍。

計謀一成功，珀琉斯勸大家趕快出發。

第二天一早，科爾喀斯的士兵發現王子死了，划著船，拚命追擊他們。

眼看他們就快被追上了，長矛、飛箭不斷的落下來。

在最危險的時刻，天后赫拉幫了他們一把，她連續放出閃電，鎮住追兵。

望著亞果號遠去的船影，科爾喀斯國的士兵互相看了一眼，他們抓不到美狄亞，又失去王子，回去怎麼辦呢？

艾厄特斯是個殘暴的國王，沒人敢回去。

於是，這批科爾喀斯追兵就留在阿爾特彌斯島，永遠定居下來。

擺脫追兵後，亞果號上的人都鬆了一口氣。

沒想到的是，赫拉幫了忙，這個忙卻引起宙斯的怒火，他讓海上起大風，把船吹到荒涼的埃萊克特律斯島。

埃萊克特律斯島的河口，終日冒著熱氣和火花。

當年太陽神之子費伊登駕著太陽車，就是墜落在這裡。

岸邊，有一排白楊樹，它們在風中搖擺的聲音，就像嘆息。

那是費伊登的姊妹們變的呀。

這兒，白天飄著陣陣惡臭；晚上，傳來白楊樹的哭號。

由於亞果號的船板會占卜，雅典娜便讓它開口：「宙斯的怒火誰也避不了，除非找到魔法女神喀耳刻，請她為你們洗去謀殺阿布緒耳托斯王子的罪孽！」

「魔法女神在哪兒呢？」傑森問。

天后赫拉再度現身，她讓亞果號駛在河裡，降下黑霧保護他們，亞果號終於平安到了喀耳刻的島。

喀耳刻是艾厄特斯的妹妹，她正在海邊洗頭，成群的怪獸跟在她身後，就像牲口跟著牧人一樣。

傑森和美狄亞請求喀耳刻協助，為他們洗清殺害阿布緒耳托斯的罪惡。

喀耳刻說：「可憐的孩子，妳犯下巨大的罪孽，妳父親一定會追到希臘，為他的兒子報仇。我不想懲罰妳，因為妳是我的侄女；可是，我也不能幫助妳，因為妳犯的罪惡是殺害自己的兄弟呀。」

美狄亞用面紗捂著臉，哭了起來。傑森牽著她，難過的走出喀耳刻的宮殿。

他們上了船，赫拉暗中幫他們召來西風，讓英雄們揚著帆，往家的方向前進。

回程仍然危機四伏

亞果號前方，出現一座美麗的小島，那裡住著賽蓮女妖。賽蓮女妖用美妙的歌聲誘惑水手，很多船在這裡翻覆，很多水手葬身魚腹。現在，她們正對著亞果號唱著歌。歌聲美妙，英雄們幾乎都停下槳，船快讓浪推倒了。

幸好，船上有天才音樂家奧菲斯，他用琴聲蓋過女妖的歌聲，鼓勵大家划船。過了賽蓮女妖這一關，前方又有個危險的海峽等著他們。

一邊是伸向海裡的陡峭山岩，過往的船隻一不小心就會撞得粉碎。一邊是個超級可怕的大漩渦。海水急速旋轉，好像要把海船吞沒。這兒曾是火神赫菲斯托斯的冶鍊場，海峽中間有無數的暗礁，它們不斷冒出濃煙，把天空染成墨黑。

亞果號英雄來到這裡時，海洋的仙女們都趕來救助，原為女海神的珀琉斯妻子特提斯還來幫他們掌舵。

漂浮的山岩靠近時，仙女們就抓起船，像球似的往前傳去。於是，亞果號一會兒隨著波浪被托到空中，一會兒又隨著波浪落到浪底。

最後，亞果號突破重重險阻，平安進入遼闊的大海，來到善良的淮阿喀亞人住的島上。

英雄們在島上受到熱情的接待，他們正想好好休息時，科爾喀斯人的另一批船隊又追來了，大批的士兵上了岸，他們要求帶美狄亞回去，如果不答應，便要和亞果號英雄決一死戰。

亞果號的英雄正想迎戰，淮阿喀亞的國王制止住他們，他不希望發生戰爭：「等我回去想一想，一定有解決的方法。」

國王和王后討論後，有了決定。「如果美狄亞還沒結婚，她就必須回父親身邊；如果她是傑森的妻子，我就不能破壞她的幸福，逼她離開丈夫。」

當天晚上，王后悄悄派出使者，勸傑森趕在黎明前結婚。

傑森徵求同伴們的意見，大家都贊成這樣做。他們選擇一處聖潔的山洞，讓美狄亞成了傑森的妻子。

第二天清晨，海岸和田野沐浴著陽光，國王集合大家，問：「美狄亞結婚了嗎？」

傑森走上前，向國王發誓美狄亞是他的合法妻子，亞果號的英雄是他們結婚的見證人。

國王因此宣判，美狄亞不能回科爾喀斯，他會保護亞果號英雄。國王也向科爾喀斯士兵說：「你們可以留下來當我的子民，或者駕船離開。」

這批追兵也害怕回國被艾厄特斯處罰，最後，他們都選擇留下來。

亞果號再次揚帆出海，乘風破浪，故鄉近了，伯羅奔尼薩的海岸隱隱可見。然而，命運女神又捉弄了他們一下。

海上突然吹來九天九夜的北風，亞果號開始離家越來越遠。他們飄過利比亞海，來到非洲海灣。

這裡的岸邊布滿大葉藻，上頭浮著厚厚的泡沫，沙灘上既沒有野獸，也沒有飛鳥。放眼望去，四周全是無邊無際的泥淖，空曠、荒涼得如同天空一樣。

沒有泉水，沒有道路，沒有屋舍，只有死一般的寂靜。

食物吃完了，柴火燒光了，英雄們餓著肚子，和衣躺在沙地上，默默等待死亡的降臨。

在最絕望的時刻，三個輕煙般的仙女出現在他們面前。「不幸的人，別發愁了，當海洋女神駕著波塞頓的馬車時，長久孕育我們的母親，就能返回希臘。」

是夢嗎？

如薄霧般的仙女，又像一陣煙飄走了。

英雄們議論紛紛：

什麼海洋女神？什麼是波塞頓的馬車呀？

就在他們納悶不已時，一匹巨大的海馬，從海裡跳上岸來，金黃的鬃毛披散在馬背上，抖落身上的水滴飛奔而去。

珀琉斯高興的歡呼起來：「謎語般的神諭，有一半得到解答了。長久孕育我們的母親就是亞果號。我們把船扛在肩上，順著海馬的足跡走過泥地，它一定會指引我們找到安全的地方。」

英雄們不怕苦，他們扛起大船，在泥淖裡走了十二天。沿途眼見全是荒涼的沙灘，要不是眾神不斷給他們信心，他們或許在第一天就死了。

十二天後，他們來到忒律托尼的海灣。

這段艱苦的旅程，讓大家都累壞了。

天才音樂家奧菲斯替大家去找水，他在途中碰到夜神的四個女兒，她們都是善於唱歌的仙女，住在巨龍拉冬看守金蘋果的聖園裡。

「仙女，妳們能告訴我哪裡有水嗎？」

四個仙女中，最為仁慈的埃格勒，告訴他一件奇事。

「昨天，這裡來了一個披著獅子皮的人。他用巨棒殺掉巨龍，搶走金蘋果，他因為太渴了，就踢了岩壁一腳。說來奇怪，岩壁立刻流出清涼的泉水。」

奧菲斯大叫：「那人一定是海克力斯！他救了大家，希望還有機會遇上他！」

有了清泉，英雄們繼續划向故鄉。

幾天後，他們來到喀耳巴托斯島。

島上住著可怕的巨人塔洛斯。

宙斯要他守住這裡，他每天在島上巡視三次。

塔洛斯的身體是青銅，不會受傷，唯一罩門在腳踝，誰要是知道這一點，擊中腳踝，就能夠殺死他。

亞果號駛近這座島時，塔洛斯正站在海邊的礁石上，他一看見亞果號，連招呼都不打，抓起岩石就猛擲，他的力量大，激起巨大的浪花，英雄們吃了一驚，急忙搖槳往後躲避。為了逃脫危險，他們只好放棄登陸計畫。

美狄亞請大家放心，她知道怎麼降服塔洛斯。她念著魔咒，召喚命運女神，用魔法讓塔洛斯閉上眼睛，惡夢侵入塔洛斯的靈魂，他於是在夢裡踩到尖銳的石頭，石頭刺進他的腳踝，頓時，他的腳踝流出大量的血。他痛醒了，掙扎著想站起來，可是身體像快被砍倒的松樹般搖晃，最後他大吼一聲，就這麼栽進海裡。

過了青銅巨人這一關，第二天，天空突然變得一片漆黑，黑暗像是從地獄裡升起來，從四面八方罩住他們，英雄們不知自己是在海上，還是被波浪帶向地獄？傑森高舉雙手，祈求太陽神阿波羅拯救他們。

太陽神聽到他的祈求，手執金弓，從空中射出一枝銀箭。銀箭落下的地方，光燦燦的，照映在一座小島上。他們奮力划著船，把船停泊在島邊，等待天亮。

隔天，天空終於放晴了，溫暖的陽光一掃昨日的陰霾，他們從小島認出家鄉海岸方向，終於，他們真的回到了家。

英雄們回來了，取回金羊毛，身邊還多了一位美麗的美狄亞，為了感謝海神的協助，傑森把亞果號獻祭給天神。

宙斯也將亞果號安放在天上，它在空中閃亮，成了一顆亮晶晶的星星。

青春之藥

佩里阿斯國王拿到金羊毛了。

沒想到，他還是不肯交出王位和權杖。

更可惡的是，佩里阿斯原以為傑森回不來，早早就逼著傑森的父親喝下毒藥，還讓傑森的母親上吊。

傑森幾乎快抓狂了，還好，他身邊有美狄亞。美狄亞有魔法，有魔藥，找她幫忙準沒錯。

美狄亞答應了。她告訴佩里阿斯的女兒們，有一種藥吃了之後就能青春永駐。

佩里阿斯的女兒不相信，美狄亞便在她們面前，施展一場奇幻至極的表演：她把一隻老公羊切成幾十塊，再把公羊肉全丟進鍋裡煮，然後，她才加進魔藥，沒多久，竟從鍋裡跳出一隻小羊。

咩咩咩，小羊活蹦亂跳。

「相信了吧？」美狄亞問。

眼見為憑，佩里阿斯的女兒們都看見了，她們都相信了。

小公主們一回到宮裡，趁著父親熟睡之際，她們持刀把父親切成小塊，再用大鍋子煮，然後快步去找美狄亞要魔藥。

然而，美狄亞不在宮裡，對，她也不在城裡。

傑森終於報了仇，他還是拿不回王位。想取得王位的人太多了，佩里阿斯的兒子把他和美狄亞趕出國，傑森和美狄亞流亡到科林斯，他們在那裡住了十年，美狄亞為傑森生了三個孩子，他們過著令人羨慕的生活。

然而，十幾年後，美狄亞老了，傑森又看上科林斯國王漂亮的女兒格勞克。

傑森向格勞克求婚。國王答應了婚事，訂下結婚的日子。

只是，傑森回家該怎麼跟美狄亞說呢？

傑森是這麼說的：「我想再娶，並不是嫌妳年紀大，而是為了孩子們的將來，我和公主結婚，將來孩子們就能當國王。」

美狄亞聽了，大聲呼喚諸神作證：「我離開故鄉，背叛父親，甚至殺害親弟弟！我為你做了這麼多，你卻想拋棄我？正義女神！請毀滅他、毀掉他那年輕的情人！」

王宮裡正要辦喜事，卻傳來這可怕的咒語，國王很生氣：「妳這女人，竟然仇恨妳的丈夫，我命令妳立刻離開我的國家。」

美狄亞請求國王讓她多留一天，讓她為孩子找個去處。

「好，就一天。」國王勉強答應：「明天妳這惡毒的女人得立刻走。」

雖然只有一天，美狄亞還是去懇求傑森，請他回心轉意。

傑森不肯，他只想趕快娶到美嬌娘。

美狄亞的心在滴血，表面卻佯裝十分溫順。「好吧，祝你有段美好嶄新的婚姻生活。」她送給新娘珍貴的金袍和花環，祝願他們有美好的將來。

這是一件極為華貴的金袍，新娘立刻披在身上。沒想到，衣服才沾到她的身體，她馬上四肢痙攣，翻著白眼，口吐白沫。

而她戴在頭上的花環，也噴出火焰，火焰烤得她的皮肉吱吱作響。

當國王悲傷的趕到時，他最心愛的女兒已燒成灰，陷入絕望的國王撲向女兒，他也中了女兒身上那件漂亮衣服上的劇毒。

美狄亞心頭之恨尚未消解，當傑森知道消息，跑回房裡想向美狄亞復仇時，房裡卻傳來孩子們的慘叫聲。

臥室裡，他的兒子全倒在血泊中，像獻祭的供品一樣被殺害了。

傑森走到屋外，聽到空中傳來隆隆聲。他抬頭一看，美狄亞坐在用魔法召來的龍車上，升上天空，離開了她用一切手段復仇的人間。

傑森無法懲罰她，陷於絕望中，當年自己謀殺阿布緒耳托斯的場面又浮現在眼前。他沒有別的選擇，最後只能自殺身亡。

神話小知識

亞果號　亞果號探險發生在特洛伊戰爭之前，它是當時希臘最大的船，用浸水不爛的木頭建成。整艘船在雅典娜的指導之下建造完成，船上有五十把船槳。船頭安裝了一塊會說話的木板，這塊板子有占卜能力，可以預言未來。船身很輕，亞果號的英雄們能輕易把它扛在肩膀上抬著走。這趟浩瀚旅途路線遍及歐、亞、非三大陸，曾經有人試圖根據故事記載，以同樣的路線再走一次亞果號的旅程。亞果號凱旋歸來後，傑森把它獻給海神波塞頓，最後，它被放到天空裡，成了永遠在夜空中閃耀的南船座。

小麥田

故事館 39

給孩子的希臘羅馬神話故事（上）

眾神的世界大戰

作　　者　王文華
插　　畫　九　子
封面·內頁設計　黃鳳君
責任編輯　徐　凡

國際版權　吳玲緯
行　　銷　何維民 吳宇軒 陳欣岑
業　　務　李再星 陳紫晴 陳美燕 葉晉源
副總編輯　巫維珍
編輯總監　劉麗真
總 經 理　陳逸瑛
發 行 人　凃玉雲
出　　版　小麥田出版
10483 台北市中山區民生東路二段 141 號 5 樓
電話：(02)2500-7696
傳真：(02)2500-1967
發　　行　英屬蓋曼群島商家庭傳媒股份有限公司
城邦分公司
10483 台北市中山區民生東路二段 141 號 11 樓
網址：http://www.cite.com.tw
客服專線：(02)2500-7718 ｜ 2500-7719
24 小時傳真專線：(02)2500-1990 ｜ 2500-1991
服務時間：週一至週五 09:30-12:00 ｜ 13:30-17:00
劃撥帳號：19863813　戶名：書虫股份有限公司
讀者服務信箱：service@readingclub.com.tw
香港發行所　城邦（香港）出版集團有限公司
香港灣仔駱克道 193 號東超商業中心 1/F
電話：+852-2508-6231
傳真：+852-2578-9337
馬新發行所　城邦（馬新）出版集團 Cite(M) Sdn. Bhd
41-3, Jalan Radin Anum, Bandar Baru Sri Petaling,
57000 Kuala Lumpur, Malaysia.
電話：+603-9056-3833
傳真：+603-9057-6622
讀者服務信箱 :services@cite.my
麥田部落格　http:// ryefield.pixnet.net
印　　刷　前進彩藝有限公司
初　　版　2017 年 4 月
初版六刷　2022 年 8 月
售　　價　280 元

ISBN 978-986-935-267-3
Printed in Taiwan.
本書若有缺頁、破損、裝訂錯誤，請寄回更換。

國家圖書館出版品預行編目資料

給孩子的希臘羅馬神話故事（上）：
眾神的世界大戰／王文華著；
-- 初版 . – 台北市：小麥田出版：
家庭傳媒城邦分公司發行 , 2017.4
面；公分 (故事館 ; 39)
ISBN 978-986-93526-7-3（平裝）
1. 希臘神話 2. 羅馬神話

284.95　　106002885